Rudolph Weigel

Katalog einer gewählten Sammlung von Kupferstichen

Rudolph Weigel

Katalog einer gewählten Sammlung von Kupferstichen

ISBN/EAN: 9783743436558

Hergestellt in Europa, USA, Kanada, Australien, Japan

Cover: Foto ©Andreas Hilbeck / pixelio.de

Manufactured and distributed by brebook publishing software
(www.brebook.com)

Rudolph Weigel

Katalog einer gewählten Sammlung von Kupferstichen

CATALOG

einer

gewählten Sammlung

von

Kupferstichen,

Radirungen, Holzschnitten, Handzeichnungen,

Kupferwerken, Kunstbüchern etc.

welche

Montag den 5. Mai 1862

und folgende Tage

zu Leipzig

(im R. Weigel'schen Kunst-Auctions-Lokal, Königsstr. No. 1)

durch

Herrn Raths-Proclamator Engel

gegen baare Zahlung in Courant öffentlich versteigert werden.

Leipzig,

Druck von Bär & Hermann.

1862.

Zur gef. Beachtung.

Die Versteigerung geschieht gegen baare Zahlung und werden die auswärtigen Käufer ersucht, ihre Commissionaire mit Baarkasse zu versehen.

Aufträge erbittet man sich spätetens 8 Tage vor der Versteigerung, doch macht man aufmerksam, dass denselben entweder ein Theil des muthmasslichen Erstehungsquantums baar oder Accreditive auf hiesige Banquierhäuser beizufügen sind, oder auch dass durch Postvorschuss der Betrag des Erkauften nachgenommen werden darf, ohne welche Sicherheitsstellung jene unberücksichtigt gelassen werden.

Es wird ferner ersucht, die Preise bei den Aufträgen genau zu bestimmen, da es bei den vielen Commissionen zu oft in Verlegenheit führt, wenn approximative Gebote gethan werden; wenn ein Gebot um wenige Groschen nicht überschritten worden, ist keineswegs anzunehmen, dass es der Auftraggeber deshalb erlangt haben würde, sondern dass höhere Limiten vorlagen, und versteht es sich ohnehin von selbst, dass derjenige welcher das höchste Gebot gethan, die betreffende Nummer auch nur erhalten und verlangen kann.

Nachstehende Buch- und Kunsthandlungen übernehmen Aufträge:

Aachen . . . . . Cremer'sche Buchhandlung.
Altenburg . . . . . Schnuphase'sche Buchhandlung.
Altona . . . . . . A. Lehmkuhl & Comp.
Amsterdam . . . . F. Buffa & fils. — J. H. A. Jonkers. — F. Müller.
Arnsberg . . . . . W. von Schilgen.
Augsburg . . . . . Birett's Antiq.-Buchhandlung. — F. Ebner.
Baireuth . . . . . C. Giessel.
Bamberg . . . . . Buchner'sche Buchhandlung.
Basel . . . . . . H. Amberger. — H. Fischer & Comp. — J. L. Fuchs & Comp. — Neukirch'sche Buchhandlung.
Berlin . . . . . . Amsler & Ruthardt. — Besser'sche Buchhandlung. — A. Burmeister. — A. Edinger. C. G. Ende. — Enslin'sche Buchhandlung. — Kunstantiquariat von G. Heubel. — J. F. Linck. — E. Mecklenburg. — Mittlersche Sortiments-Buchh. — Nicolai'sche Sortiments-Buchhandlung. — Oehmigke's Buchhandlung. — Gebr. Rocca. — Jos. Rocca. — Schneider & Comp. — E. H. Schroeder. — J. A. Stargardt.

Bernburg	A. Schmelzer.
Bonn	A. Marcus.
Braunschweig . . .	E. Leibrock. — G. C. E. Meyer sen.
Bremen	A. D. Geisler'sche Buch- u. Kunsthdg. — J. G. Heyse's Sort.-Buchh. — H. L. J. Kraus. — Kühtmann & Comp. — H. Strack.
Breslau	Gosohorsky's Buchhandlung. — F. Hirt. — W. G. Korn. — J. Max & Comp. — Trewendt & Granier.
Brüssel . . .	B. van der Kolk. — C. Muquardt.
Cassel	Bertram'sche Buchhandlung. -- H. Jungklaus.
Coburg	Meusel & Sohn.
Cöln	Du Mont Schauberg'sche Buchhandlung. — J. M. Heberle. — G. Honnef. — Rommerskirchen's Buchh. — Schmitz's Sort.-Buchh.
Copenhagen . .	G. E. C. Gad. — Th. Lind. — Lose & Delbanco — C. A. Reitzel's Buchh.
Cracau	D. E. Friedlein.
Crossen	P. Ehrlich & Comp.
Danzig	Th. Bertling. — L. G. Homann's Buchhandlung. — B. Kabus'sche Buchhandlung.
Dorpat	E. J. Karow.
Dresden	E. Arnold. — Fr. v. Boetticher. — E. Geller. — F. C. Janssen. — Frau Lotzmann, Schlossgasse Nr. 33. — A. Reichel. — G. Schönfeld.
Düsseldorf	J. Buddeus'sche Buchhandlung. — Ad. Gestewitz. — A. W. Schulgen.
Elbing	Neumann-Hartmann.
Erfurt	C. Villaret.
Florenz	L. Bardi.
Frankfurt a. M. . . .	Jos. Baer. — H. Keller. — F. A. C. Prestel. A. Voemel. — K. Th. Völcker.
Frankfurt a. d. O. . .	G. Harnecker & Comp.
Gent	C. Muquardt.
Görlitz	C. A. Starke.
Gotha	Ferd. Hennings. — E. F. Thienemann.
Göttingen	Dieterich'sche Buchhandlung.
Haag	M. Nijhoff. — A. G. de Visser.
Hagen	Gust. Butz.
Halle	Lippert'sche Buchhandlung. — H. W. Schmidt's Sortiments-Buchhandlung.
Hamburg	B. S. Berendsohn. — Commeter'sche Kunsthandlung. — Hoffmann & Campe. — Makler C. Meyer. — Perthes, Besser & Mauke.
Hannover	F. Brecke. — Hahn'sche Hofbuchhandlung. — Helwing'sche Hofbuchhandlung. — V. Lohse. — H. Oppermann. — C. Schrader's Nachfolger.
Heidelberg	Adolph Emmerling.

Innsbruck	F. Unterberger.
Kiel	Th. Klose. — Schwers'sche Buchhandlung. — Universitäts-Buchhandlung.
Königsberg in Pr. . .	Bon's Buchhandlung. — Gräfe & Unzer.
Leyden	E. J. Brill.
London	P. & D. Colnaghi. — E. A. Evans & Sons. — D. Nutt. — Williams & Norgate.
Lübeck	Dittmer'sche Buchh. — von Rohden'sche Buchh.
Lüttich	Ch. Gnusé. — Ch. van Marck.
Magdeburg	E. Baensch. — F. Kaegelmann.
Mailand	T. Laengner.
Mainz	G. Frommann. — V. v. Zabern.
Mannheim	Artaria & Fontaine.
Minden	Keiser & Comp.
München	J. Aumüller. — Max Brissel. — F. Gypen. — Mey & Widmayer. — L. von Montmorillon. — Antiquar Dr. G. K. Nagler. — M. Ravizza.
Münster	Coppenrath'sche Buchhandlung. — Theissing'-sche Buchhandlung.
Neapel	A. Detken.
Neisse	J. Graveur.
Neustrelitz	G. Barnewitz.
Nordhausen	F. Förstemann's Buchhandlung.
Nördlingen	C. H. Beck'sche Buchhandlung.
Nürnberg	F. Heerdegen. — Riegel & Wiessner. — J. A. Stein.
Oldenburg	Schulze'sche Buchhandlung. — G. Stalling.
Paderborn	W. Crüwell. — F. Schöningh. — J. Wesener. — L. D. Winkler.
Paris . . .	Clement. — A. Franck. — Guichardot. — A. W. Schulgen. — E. Tross.
St. Petersburg . . .	Ed. Minlos.
Posen	J. Lissner.
Prag	Calve'sche Buchhandlung. — Ehrlich's Buch-handlung. — F. Rziwnatz.
Regensburg	A. Coppenrath. — G. J. Manz.
Rendsburg	P. Matthiessen.
Riga	N. Kymmel.
Rostock	Stiller'sche Hofbuchhandlung.
Rotterdam	Ad. Baedecker.
Schaffhausen	Hurter'sche Buchhandlung.
Schweidnitz	L. Heege.
Schwerin	A. Hildebrand. — Stiller'sche Hofbuchhandlg.
Sondershausen . . .	G. Bertram.
Stettin	Müller'sche Buchhandlung. — F. Nagel.
Stockholm	A. Bonnier. — Levertin & Sjoestedt. — Samson & Wallin.
Stralsund	C. Hingst.
Strassburg	J. Noiriel. — Treuttel & Würtz.
Straubing	Schorner'sche Buchhandlung.
Stuttgart	A. Liesching & Comp. — J. Weise.
Triest	H. F. Münster. — H. F. Schimpff

Tübingen	L. F. Fues'sche Buchhandlung.
Turin	Herm. Loescher.
Utrecht	T. de Bruyn. — W. F. Dannenfelser. — Kemink & Sohn.
Venedig	H. F. & M. Münster.
Verona	H. F. Münster.
Warschau	A. Gebethner & Comp. — H. Natanson.
Weimar	W. Hoffmann.
Wien	Artaria & Comp. — C. Gerold's Sohn. - Lechner's Universitäts-Buchhandlung. — Miethke & Wawra. — L. T. Neumann. — F. Paterno.
Wriezen	E. Roeder.
Würzburg	Stahel'sche Buchhandlung.
Zürich	Cramer & Lüthi. — F. Hanke. — S. Höhr — F. Schulthess.

In **Leipzig** übernehmen Aufträge:

Herr Kunsthändler C. G. Börner. — Herr Proclamator H. Engel. — Die Herren Buchhändler H. Fritzsche, H. Hartung, Kirchhoff & Wigand, K. F. Köhler, R. Kössling, List & Francke, C. H. Reclam sen. — Herr Kunsthändler L. Rocca. — Die Herren Buchhändler O. A. Schulz, F. Voigt, L. Voss, T. O. Weigel. — Die Herren Antiquitätenhändler Zschiesche & Köder und der Unterzeichnete:

Rudolph Weigel.

Nach jeder dieser Kunstauctionen sind gedruckte Versteigerungspreislisten für 2½ Ngr. zu haben.

Vorwort.

Der Besitzer der nachfolgenden Blätter hat bei An-
legung einer grösseren Sammlung den Zweck vor Augen
gehabt, sich mit der Eigenthümlichkeit aller bedeutenden
Maler in den letzten vier Jahrhunderten vertraut zu machen
und fing damit an, sie in ihren Radirungen und andern
Originalarbeiten, soweit dergleichen vorhanden sind, zu
studiren, während er später auch gute Stiche nach den
bedeutendsten Malereien sich zu verschaffen wusste. Vor
zwei Jahren hatte er die Freude, den grössten Theil
seiner Sammlung im hiesigen städtischen Museum aufge-
nommen zu sehen; allein der Raum in den dazu bestimm-
ten neun Piecen hat nicht ausgereicht, um Alles unter-
zubringen, und da er kein Freund von Aufhäufen erfreu-
licher Kunstgegenstände in Mappen ist, deren Besichtigung
auch bei der besten Einrichtung nur Wenigen zu Theil
werden kann, so hat er sich entschlossen, den Rest seiner
Sammlung durch Versteigerung wieder in viele Hände zu
bringen.

Die Sammlung enthält keine sogenannten Curiositäten
oder besonders seltene Blätter, dagegen aber durchgängig
gute, oft schöne Drucke, die alle, mit wenigen Aus-
nahmen, auf starke farbige Untersetzbogen sorgfältig auf-
gelegt sind und sich in dieser Hinsicht besonders empfehlen
werden.

I. Abtheilung.

Kupferstiche etc.

nach den M a l e r n alphabetisch in Schulen geordnet.

Deutsche Schule.

W. Bässler.

1. Die Göltzschthalüberbrückung im Bau.   Original-Lith.
Tondruck.   gr. qu. fol.   C h i n e s. P a p i e r.

C. Becker.

2. Die Lautenspielerin.   H. D r ö h m e r sc.   Preuss. Kunst-
Vereins-Blatt.   Schwarzkunst.   gr. fol.

Jacob Becker.

3. Das Gewitter.   X. S t e i f e n s a n d sc.   Düsseldorfer Kunst-
Vereins-Blatt.   qu. fol.

F. Beer.

4. Ein Mönch in ¦der Zelle.   C. G e y e r sc.   fol.   V o r
d e r S c h r i f t.   C h i n e s. P a p i e r.

C. Begas.

5. Christus ruft die Mühseligen und Beladenen zu sich.
E. E i c h e n s sc.   Preuss. Kunst-Vereins-Blatt.   gr. qu. fol.
6. N. Paganini.   Brustbild.   R o e l l e r sc.   Punktirt.   8.

E. Bendemann.

7. Die trauernden Juden.   F. R u s c h e w e y h sc.   Düsseldorfer Kunst - Vereins - Blatt.   In Halbrund.   qu. fol.
C h i n e s. P a p i e r.   Etwas fleckig.   ·
8. Hirt und Hirtin.   X. S t e i f e n s a n d sc.   Düsseldorfer
Kunst-Vereins-Blatt.   qu. fol.

1

F. Catel.

9. Tanzende Italiener. W. Flachenecker lith. gr. qu. fol.. Stockfleckig und beschnitten.

Pet. Cornelius.

10. 3. Bl. Vermählung und Entführung der Helena, Urtheil des Paris, und Opfer der Iphigenia. E. Schäffer sc. Aus der Glyptothek. Umrisse. 4. qu. fol.

11. Hochzeit der Thetis. E. Schäffer sc. Aus der Glyptothek. Umriss. qu. fol.

L. Cranach.

12. Maria und Anna mit dem Kinde. Nach dem Original bei Campe in Nürnberg, jetzt bei C. Lampe in Leipzig. Umriss. 4.

13. Dasselbe.

14. Dasselbe.

15. Martin Luther im Tode. E. Schuler sc. Mit Text. In Umschlag. fol.

E. Daege.

16 a. Die Parzen. J. Caspar sc. Preuss. Kunst-Vereins-Blatt. gr. qu. fol.

H. Dannecker.

16 b. 2 Bl. Ariadne. A. Schott und H. Knauth lith. Chines. Papier. qu. 4.

E. Deger.

17. Die Verkündigung Mariä. A. Glaser sc. Düsseldorfer Kunst-Vereins-Blatt. qu. fol.

18. Maria das Christkind anbetend. J. Caspar sc. Düsseldorfer Kunst-Vereins-Blatt. fol.

A. C. Dies.

19. In Villa Mecenate. (Aus der Collection des Vues pittoresques.) Radirt. qu. fol.

20. Porta scura, o sia Entrata nella Villa Mecenate. Ebendaher. qu. fol.

A. Draeger.

21. Die Lautenspielerin. J. Felsing sc. Leipziger Kunst-Vereinsblatt. fol.

22. Dasselbe.

A. van der Embde.

23. Zwei Kinder unter Baumwurzeln. H. Petersen sc. Albrecht-Dürer-Vereins-Blatt. fol.

K. v. Enhuber.

24. Der Invalid, Vögel abrichtend. Blasius Höfel sc. Mezzotinto. gr. fol. Chines. Papier.

H. Füger.

25. Phidias. H. Pichler sc. Schwarzkunst. roy. fol.
26. 2 Bl. Der Tod der Lucretia, und das Urtheil des Paris. Jos. Eissner sc. qu. fol.

Electr. v. Freyberg geb. Stuntz.

27. Madonna mit dem Kinde. F. Caporali sc. fol. Vorzüglicher Abdruck vor der Schrift und auf Chines. Papier.

J. Führig.

28. Ein Engel gebietet dem Joseph die Flucht nach Egypten. A. Petrak sc. Schmal. kl. qu. fol.

H. Gätke.

29. Seesturm. J. Hasse sc. Berliner Kunst-Vereins-Blatt. qu. fol. Beschnitten und fleckig.

J. Gauermann.

30. Ideale Landschaft mit Wasserfall. Original-Radirung. qu. fol.

C. Gille.

31. Die Heimkehr einer Kuhheerde. Lithogr. Sächs. Kunst-Vereins-Blatt. Tondruck. Chines. Pap. gr. qu. fol.

Fr. Gonne.

32. Des Räubers Reue. Fr. Hanfstängl lith. Sächs. Kunst-Vereinsblatt. gr. qu. fol. Chines. Papier.

H. Gude und A. Tidemand.

33. Sommerabend auf einem norwegischen Binnensee. A. Haun lith. Farbendruck. Preuss. Kunst-Vereins-Blatt. qu. roy. fol.

E. A. Günther.

34a. Die Jägerin Migul auf dem Felsensitz. gr. qu. fol. Etwas fleckig.

F. Hamilton.

34b. Stillleben von Wild und Geflügel. Auer lith. Münchner Pinakothek. Tondruck. fol.

C. Hantzsch.

35. 2 Bl. Strafe muss sein, und Jugend hat nicht Tugend. Zöllner und Grünewald lith. gr. qu. fol.

36. Vorsicht der Hausfrau. A. Krüger sc. Sächs. Kunst-Vereins-Album. 4.

J. P. Hasenclever.

37. Die Weinschmecker. Deinert lith. gr. qu. fol. Der Schriftrand fehlend.

A. Haun.

38. Erinnerung an Lübeck. Ansicht mit Randbildern. Lith. Tondruck. gr. qu. fol.

M. Hauschild.

39. Die nächtliche Hora. C. Hahn lith. Sächs. Kunst-Vereins-Blatt. Tondruck. Chines. Papier. gr. fol.

W. Heine.

40. Verbrecher in der Kirche. F. Hanfstängl lith. Leipziger Kunst-Vereins-Blatt. gr. qu. fol. Der Schriftrand abgeschnitten.

J. Heinemann.

41. Die Ruhe auf der Flucht nach Egypten. Schertle lith. Tondruck. gr. qu. fol.

Th. Hellwig.

42. Ruhende Schnitterin beim Mittagsbrod. M. Schwindt sc. Mezzotinto. gr. fol. Vorzüglicher Abdruck vor der Schrift.
43. Orangenverkäuferin. M. Voigt sc. Hall. Kunst-Vereins-Blatt. Mezzotinto. gr. fol. Ebenso.

G. A. Hennig.

44. Tobias' Rückkehr. E. Stölzel sc. Sächs. Kunst-Vereins-Album. 4.

H. M. Hess.

45. Jesaias und Hesekiel. H. Merz sc. Aus der Allerheiligen Hofkapelle. qu. fol. Vor aller Schrift.
46. Maria auf dem Throne. Idem sc. Ebendaher. fol. Bis zum Plattenrand beschnitten.

Peter Hess.

47. Der Ueberfall. Original-Lithographie in Tondruck. Aus der Sammlung von Original-Handzeichnungen bairischer Künstler. qu. fol.
48. Ruhende Maulthiertreiber. C. Heinzmann lith. Münchner Kunst-Vereins-Blatt. gr. qu. fol. Fleckig.
49. Donische Kosaken überrumpeln ein französisches Dorf. Original-Lithographie. 1819. Tondruck. gr. qu. fol.

50. Die Plünderung. Fr. Hohe lith. Tondruck. gr. fol.
Der Schriftrand fehlend.

Theodor Hildebrandt.
51. Die Kinder Eduards. G. Lüderitz sc. qu. 4. Chines.
Papier.

H. Holbein.
52. Madonna. Ecce ancilla Domini. C. Barth sc. fol.
53. Christuskopf. „Via, vita, veritas." Idem sc. 4.
Vorzüglicher Abdruck, Chines. Papier.
54. Madonna, betend. Gust. Leybold sc. Aus der
Gallerie des Grafen Czernin. fol.
55a. Th. Morrett. J. Folkema sc. Dresdner Galleriewerk. fol.

G. J. Hoch (?).
55b. Französisches Nachtbivouac. Aquatinta und colorirt.
qu. fol. Beschnitten und aufgezogen.

Carl Hübner.
56. Auswanderer. C. Wildt lith. Chines. Papier. gr.
qu. fol.

J. Hübner.
57. Amoretten. H. Bürckner sc. 4. Tonpapier.
58. Germania. 1850. Original-Radirung auf dunklem Grund
mit Goldlichtern. qu. fol.
59. Jesuskind. Engelbach lith. Chines. Papier. fol.

J. R. Huber.
60. C. Steiger, Rathsherr zu Bern. C. Drevet sc. fol.
Bis zum Plattenrand beschnitten.

A. Huttula.
61. Tableau der sächsischen Geschichte mit vielen Portraits.
Tondruck. roy. fol.

Rud. Jordan.
62. Das scheiternde Schiff der Fischer. P. Habelmann sc.
Preuss. Kunst-Vereins-Blatt. Mezzotinto. qu. roy. fol.
63. Strandscene. G. Weinhold sc. Sächs. Kunst-Vereins-
Blatt. Chines. Papier. qu. roy. fol.
64. Das Lootsen-Examen. W. Oelschig sc. Düsseldorfer
Kunst-Vereins-Blatt. qu. fol.

J. Juncker.
65. La Cuisine allemande. C. Beauvarlet sc. gr. fol.

Ang. Kauffmann.

66. Troilus and Cressida. L. Schiavonetti sc. Punktirt.
gr. qu. fol.
67. Joseph telling his Dream to his Father. J. C. Murphy sc.
Schwarzkunst. qu. fol.

W. Kaulbach.

68. Der Engel (nach Andersen). G. Lüderitz sc. Preuss.
Kunst-Vereins-Blatt. Mezzotinto. gr. fol.

J. F. Klusemann.

69. Aussicht auf Magdeburg. Radirt. gr. qu. fol. Colorirt.

Jos. Ant. Koch.

70. 2 Bl. Landschaften zu Wielands Oberon. „Was fliehst
du mich etc.“ und „Willkommen edler Herr.“ F. Schumann sc. gr. qu. fol.

C. Kreul.

71. Der Hirt als Arzt. A. Fleischmann sc. Nürnberger
Kunst-Vereins-Blatt. qu. fol.
72. Das Bäckermädchen. Ph. Walter sc. Ebenso. fol.

Franz Krüger.

73. Der grosse Pferdestall mit dem Schimmel. H. S. Müller
lith. gr. qu. fol. Knapp beschnitten.
74. Pferdestall mit zwei Husaren. Idem lith. gr. qu. fol.
Ebenso.

L. Lange.

75. Die Frauenkirche in München. Entwurf einer Restau-
ration. J. M. Kolb sc. fol.

H. Lauterbach.

76. Die Unglücksstätte bei Brennbühl. C. Heyn lith. Tondruck. qu. fol.

C. F. Lessing.

77a. Landschaft mit zwei Käuzchen. W. v. Abbema sc.
Radirt. Chines. Papier. gr. qu. fol. Vorzüglicher
Abdruck.
77b. Die Landschaft mit der grossen Eiche. E. Stein-
brück und X. Steifensand sc. gr. qu. fol. Schöner Abdruck mit Nadelschrift und auf Chines.
Papier.
78. Leonore, nach Bürger's Ballade. Engelmann lith.
Düsseldorfer Kunst-Vereins-Blatt. qu. fol. Beschnitten.

S. Löthener (Meister Stephan).

79. Madonna aus dem Kölner Dombild. F. Massau sc. 8.

J. B. L. Maes.

80. Der Improvisator. H. Eichens sc. Mezzotinto. gr. fol. Vorzüglicher Abdruck.

A. R. Mengs.

81. Mönch-Brustbild. J. Pichler sc. Schwarzkunst. Farbig gedruckt. fol. Der Schriftrand fehlend.

S2. 2 Bl. Moses, und Petrus. Deckengemälde in der Vatican-Bibliothek. D. Cunego sc. Probedrücke, weiss gehöht.

A. Mende.

83. Die Vertheidigung eines Hauses in Tyrol 1809. J. Wölffle lith. qu. fol. Chines. Papier. Die Unterschrift fehlend.

C. Merkel.

84. Gedächtnissblatt zum 25jährigen Bestehen der Gustav-Adolph-Stiftung. Nach Angabe von C. Lampe. G. Koch lith. Tondruck. Chines. Pap. roy. fol. Nicht im Handel.

85. Dasselbe.

G. Metz.

86. Fischerknabe. Statuette. Honeck sc. Aus der Chronik des Sächs. Kunstvereins. fol. Chines. Papier.

87. Wer nicht liebt Wein, Weib und Gesang. G. Zöllner lith. Sächs. Kunst-Vereins-Blatt. Chines. Papier. qu. fol. Der Schriftrand abgeschnitten.

Joh. Heinr. Meyer.

88. Landschaft mit einem grossen Eichbaum, am Fusse Hirt und Hirtin. Radirt. gr. fol.

89. Waldlandschaft mit Wasserfall. Ebenso.

F. Ed. Meyerheim.

90. Harzerin. A. Teichel sc. Preuss. Kunst-Vereins-Blatt. fol. Etwas fleckig.

91. Ländliches Frühstück. M. Voigt sc. 4. Chines. Papier. Vor der Schrift.

92. Guten Morgen lieber Vater. G. Sagert sc. Mezzotinto. Preuss. Kunst-Vereins-Blatt. gr. fol.

Gottfr. Mind.

93. 2 Bl. Katzen-Scenen. Giles lithogr. qu. 4.

M. Müller (Feuermüller).

94. Die Christnacht. H. Kohler lith. gr. fol. Die Unterschrift fehlend.
95. Hochzeitszug im bayer. Gebirge. A. Kaufmann lith. qu. fol. Ebenso.

Chr. Oesterley.

96. Die Tochter Jephta's. Chr. Schuler sc. Rhein. Kunst-Vereins-Blatt. gr. fol. Vorzüglicher Abdruck.
97. Lenore. L. Noël lith. Casseler Kunst-Vereins-Blatt. Chines. Papier. qu. fol.

Fr. Overbeck.

98. Betender Pilger. Originalstich. 8. Chines. Papier.
99. St. Philippus. Originalradirung. 8.
100. Christi Einzug in Jerusalem. Otto Speckter lith. In der Marienkirche zu Lübeck. gr. qu. fol. Dazu 2 Erklärungstafeln der Köpfe.
101. La Gerusalemme liberata. J. Caspar sc. Preuss. Kunst-Vereins-Blatt. fol. Chines. Papier.
102. Das Gebet des Herrn. Otto Speckter lith. Zeichnungsmanier in Tondruck. gr. qu. fol.
103. Lasset die Kindlein zu mir kommen. Leon Noël lith. gr. qu. fol. Vor der Schrift, auf Chines. Papier.
104. 3 Bl. Sechs sinnbildliche Darstellungen in Nischen, der alte und der neue Bund. C. Kaufmann lith. fol. Chines. Papier.

C. Peschel.

105. 4 Bl. Zu Goethe's Werken. Nach den Fresken auf Schönhöhe. A. Krüger sc. qu. fol. Chines. Papier.

Dom. Quaglio.

106. St. Ouen Abtei zu Rouen in der Normandie. Gust. Kraus lith. gr. qu. fol. Chines. Papier.

H. Ramberg.

107. Die englische Königsfamilie in der Ausstellung der Roy. Academy. P. Martini sc. gr. qu. fol. Braun gedruckt.

Chr. Rauch.

108. 4 Bl. Die Reliefs des Blücherdenkmals in Berlin. Schmal qu. fol. Vor der Schrift. Selten.

J. Rebell.

109. Idyllische Landschaft mit Tempel und Obelisk. Radirt. 1808. qu. fol.

A. Rethel.

110. Tod des Kaisers Barbarossa. F. Keller sc. Düsseldorfer Kunst-Vereins-Blatt. qu. fol.

G. v. Reutern.

111. 2 Bl. Frauen mit Kindern am Grabe, und sanfter Schlaf. G. Koch lith. fol. Chines. Papier.

A. Richter.

112. Die Heimkehr des Landwehrmannes. G. Koch lith. Leipziger Kunst-Vereins-Blatt. gr. qu. fol. Chines. Papier.
113. Dasselbe.

L. Richter.

114. Sommerlust. Ch. Hahn lith. Sächs. Kunst-Vereins-Blatt. Tondruck. Chines. Papier. qu. fol.

A. Riedel.

115. Die neapolitanische Fischerfamilie (nach dem Original des Königs Ludwig). F. Bodmer lith. gr. qu. fol. Der Schriftrand fehlend.

W. Ripe.

116. Goslar am Harz. A. Schule sc. gr. qu. fol.

H. Roos.

117. Die durch's Wasser gehende Viehheerde bei der Tempelruine. A. Hertzinger sc. Aquatinta. gr. qu. fol. Aufgezogen.

H. Rustige.

118. Die junge Wittwe. C. Müller sc. Frankfurter Kunst-Vereins-Blatt. fol.

P. H. Schallhas.

119. Landschaft mit Kühen im Wasser. A. Hertzinger sc. Aquatinta. qu. fol. Vor der Schrift.

J. E. Schenau.

120. Petite Ecolière. J. G. Wille sc. 4. Le Blanc 69. Alter guter Abdruck.
121. Image de la Beauté. Ein junges Mädchen und ein Kind, Rosen pflückend. N. Chevillet sc. fol. Der Rand etwas fleckig.

1*

Jul. Schnorr.

122. Der verlorene Sohn. O. Ufer sc. 4. Chines. Papier.
123. Christus am Kreuz: „Es ist vollbracht". P. Barfuss sc. gr. fol. Chines. Papier.

Ad. Schrödter.

124. Don Quixote lesend. Lithographie. fol. Beschnitten.
125. Die Weinprobe (der Küfer mit einem Knaben). Lithographirt im k. lithogr. Institut in Berlin. Der Schriftrand fehlend.

L. v. Schwanthaler.

126. Das Göthedenkmal in Frankfurt a. M. S. Amsler sc. gr. fol.

M. v. Schwind.

127. Der Falkensteiner Ritt. Mit einer Gnomen-Arabeske. A. Göbel sc. Frankfurter Kunst-Vereins-Blatt. gr. fol.

A. Simon.

128. 4 Bl. Vier Compositionen′ zu Wieland's Oberon. Eichens, Gonzenbach, Seidel und Teichel se. gr. fol.
129. 2 Bl. Deutschland, G. Seidel sc., und Morgenland. Teichel sc. gr. fol. Ebendaher. Probedrücke.

Carl Sohn.

130. Die beiden Leonoren. Hoff lith. fol. Beschnitten und aufgezogen.

L. Sparmann.

131. Die Wetterhörner. L. Schütz sc. Sächs. Kunst-Vereins-Blatt. fol. Der Schriftrand fehlend.

C. Steffeck.

132. Diener mit Pferd und Hund. Original-Lithographie. Tondruck. qu. fol.

E. Steinbrück.

133. Hagar in der Wüste. A. Hoffmann sc. Düsseldorfer Kunst-Vereins-Blatt. fol. Probedruck vor aller Schrift auf Chines. Papier. Gebräunt.

Ed. Steinle.

135. Gebet dem Kaiser was des Kaisers und Gott was Gottes ist! V. Schertle lith. Tondruck. gr. fol.

136. Maria Dei Genitrix (unter einem Baldachin in Spitzbogen). G. Koch lith. Tondruck. fol.
137. Der heilige Georg, die Königstochter heim geleitend. Chr. Becker lith. qu. fol. Chines. Papier.
138. Josuah. Idem lith. Tondruck. fol.

B. Thörmer.

139. 2 Bl. Rinaldo und Armida, und zwei Nymphen im Bade. E. Stölzel und C. Kluge sc. Sächs. Kunst-Vereins-Album. qu. fol. Vorzügliche Abdrücke. Chines. Papier.

A. Tidemand.

140. Die einsamen Alten. E. Fischer lith. Sächs. Kunst-Vereins-Blatt. gr. fol. Chines. Papier.

M. Trenkwald.

141. Tezel's Ablasspredigt. L. Friedrich sc. Sächs. Kunst-Vereins-Blatt. qu. fol.

D. Vautier.

142. Spinnendes Mädchen. F. A. Andorff sc. Mezzotinto. Preuss. Kunst-Vereins-Blatt. fol.

L. Vogel.

143. Tell's Apfelschuss. M. Gonzenbach sc. gr. qu. fol. Verschnitten und aufgezogen.
144. Nicolaus v. d. Flühe in Stans. M. Esslinger sc. qu. fol.

C. Vogel.

145. Anbetung der Hirten. Nach dem Wandgemälde in Pillnitz. L. Gruner sc. fol. Chines. Papier.

E. Wächter.

146. Hiob und seine Freunde. C. Rahl sc. gr. qu. fol.
147. Maria trauernd am Grabe. Idem sc. gr. fol.

Ad. Wichmann.

148. Die Traubenspenderin. F. Zimmermann sc. Sächs. Kunst-Vereins-Blatt. gr. qu. fol.
149. Dasselbe.

P. Wickenberg.

150. Lesendes Mütterchen. L. Sichling sc. Leipziger Kunst-Vereins-Blatt. fol. Chines. Papier.
151. Dasselbe. Ebenso.

F. Winterhalter.

152. Il dolce far niente. F. Girard sc. Mezzotinto.
qu. roy. fol.

M. Wittmer.

153. Türkische Tänzerin. Photographie nach einer Feder-
zeichnung. qu. fol.

Niederländische Schule.

P. Aertsen (Langepier).

154. Die Marktverkäufer. J. Matham sc. B. 164. qu.
fol. Beschnitten.

H. v. Balen.

155. 2 Bl. Der Weg zu Himmel und Hölle, und ein Kaiser mit Scepter und Schwert. H. Wiercx sc. 8.
Beschnitten.

Th. Barentsen.

156. Venetianische Vornehme bei der Hochzeit. H. Goltzius sc. B. 24. (Nur die Hälfte.) fol.

C. Bega.

157. Le bon Menage. H. Guttenberg sc. Musée Napoleon. fol. Ohne Plattenrand.

N. Berghem.

158. Der Tanz in der Scheune oder der Ball. J. Visscher sc.
gr. fol. Schöner und sehr seltener 1. Abdruck
vor dem cum privilegio. Ueber den Plattenrand
beschnitten.

159. Die Heerde am Wasser mit dem steilen Felsen. N.
Aliamet sc. gr. fol.

Q. Breklencamp.

160. Der schreibende Mönch. L. A. Claessens sc. fol.
Schöner und sehr seltener Abdruck vor der
Schrift. Chines. Papier.

B. Breenbergh.

161. Die Marter des heiligen Laurentius. Reiche Composition. J. Episcopius sc. Radirt. gr. qu. fol.

162. Joseph lässt Getreide vertheilen, oder die Hungerpest
in Egypten. Idem sc. Radirt. gr. qu. fol. Im
Rand etwas beschädigt.

A. Brouwer.

163. Ein Bauer lässt sich seinen Fuss verbinden. W. Vaillant sc. Schwarzkunst. qu. fol.

Nic. de Bruyn.

164. Heilung des Syriers Naaman durch das Bad im Jordan. Landschaft mit reicher Staffage. gr. qu. fol. Vor der Adresse. Beschnitten.

165. 2 Bl. Die Beschneidung Christi, und die Anbetung der Könige. qu. fol.

P. Candido (de Witte).

166. Otto von Wittelsbach tödtet in der Schlacht Heinrich den Löwen. C. G. ab Amling sc. Aus der Folge. qu. fol.

Egid. Coninxloo.

167. Reiche Landschaft mit dem Propheten Hosea. N. de Bruyn sc. gr. qu. fol. Etwas beschädigt und beschnitten.

G. Dow.

168. La Devideuse, Mère de G. Dow. J. G. Wille sc. fol. Le. Bl. 61. Moderfleckig.

169a. La Menagère hollandaise. Idem sc. 4. Le Bl. 63. Grauer Druck ohne Plattenrand.

A. van Dyck.

169b. Sir Thomas Wharton, in ganzer Figur. Val. Green sc. Schwarzkunst. fol.

170. St. Hieronymus mit dem Löwen. C. Beauvais sc. Dresdener Gallerie. qu. fol.

171. Dasselbe.

172a. Evangelist, Brustbild. J. Faber sc. Schwarzkunst. fol. Beschnitten und aufgezogen.

172b. Maria mit dem Kinde und Johannes. Münchner Pinakothek. V. Green sc. Schwarzkunst. gr. fol.

J. Fyt.

173. Bär im Kampfe mit einer Meute Jagdhunde. Münchner Pinakothek. J. Wölffle lith. qu. fol. Der Schriftrand fehlend.

H. Goltzius.

174. Die Verkündigung, in Raphael's Manier. Aus den Meisterstücken. fol. B. 15. Gebräunt, beschädigt und aufgezogen.

175. Der Besuch bei Elisabeth. In Parmeggiano's Manier. Ebendaher. fol.˙ B. 16. Aufgezogen.
176. Die Anbetung der Hirten. In Ponte Bassano's Manier. Ebendaher. fol. B. 17. Ebenso.
177. Die Beschneidung Christi. In Dürer's Manier. Ebendaher. gr. fol. B. 20.
178. Dasselbe. Besserer Druck. Etwas eingerissen.
179. Die Anbetung der Könige. In L. v. Leyden's Manier. Ebenso. fol. B. 19. Guter Abdruck. Die Schrift abgeschnitten und etwas defect.

Franz Hals.

180. Junges Weib, Halbfigur mit einer Münze in der Hand. T. Blackmore sc. Schwarzkunst. fol.

J. v. d. Hagen.

181. 2 Bl. Seestücke, Sturm an Klippen und Gegenstück. T. Watson sc. Schwarzkunst. gr. qu. fol. Probedrücke vor aller Schrift. Eins im Rande etwas beschädigt.

J. v. d. Heyden.

182. Ein Blatt aus dem Spritzenbuch. fol. Etwas beschädigt.

C. Holsteyn.

183. Die Satyrn in der Landschaft. M. Mosyn sc. qu. fol. Schöner Abdruck.

M. Hondekoeter.

184. Hahn und Truthahn kämpfend. Aus der Pinakothek. J. Woelffle lith. gr. qu. fol. Chines. Papier.

Egid. Hondekoeter.

185. Die Landschaft mit dem von der Löwin zerrissenen Propheten. J. a Londerseel sc. qu. fol.

H. Hondius.

186. Landschaft mit Baumstaffage. (Spr. Sal. 6, 6.) fol.

C. du Jardin.

187. Kuh und Ziegen. A. Hertzinger sc. Aquatinta. qu. fol.

Jac. Jordaens.

188. Jupiter und Mercur bei Philemon und Baucis. A. Bloteling sc. gr. qu. fol. Beschnitten und aufgezogen.

B. de Loose.

189. Kindertanz. C. Geyer sc. Mezzotinto. Leipziger Kunst-Vereins-Blatt. qu. roy. fol.
190a. Dasselbe.

P. de Laar.

190b. Der Ueberfall des Postwagens in der Höhle. C. Visscher sc. qu. fol.

G. Metzu.

191. Le Marché aux Herbes d'Amsterdam. J. David sc. fol.
192. Bürgersmann, die Pfeife am Kohlenbecken anzündend. W. Pether sc. kl. fol. Vorzüglicher Abdruck vor der Schrift.

A. van der Meulen.

193. Grosses Reitergefecht, im Mittelpunkt Kampf um eine Standarte. J. v. Huchtenburgh sc. B. 47. qu. roy. fol.
194. Ludwig XIV. einem Officier im Walde Befehle ertheilend. A. F. Baudouin sc. Radirt. qu. roy. fol. Etwas beschädigt und ausgebessert.

F. Mieris.

195. La Tricoteuse hollandaise. J.G. Wille sc. Le Blanc 64. fol. Alter Abdruck.

J. Molenaer.

196. Grosse Bauernschlägerei. Corn. v. Kaukerken sc. qu. fol. 1. Abdruck vor der Adresse.

Antonis Moor (Moro).

197a. Weibliches Portrait. Kniestück. Jos. Vazquez sc. Punktirt. gr. fol.

A. van der Neer.

197b. Moonlight. Landschaft mit einem Dorf an einem Teiche. J. S. Miller sc. qu. fol.

A. v. Ostade.

198. Le Tatonneur (zwei Bauern mit einer Frau). J. Visscher sc. F. de Wit exc. fol.
199. Die Bauern unter der Weinlaube vor der Schenke, genannt der grosse Besen. J. Suyderhoef sc. L. Schenck exc. fol. Wussin 124.

B. Peeters.

200. Le Passager d'Honfleur au Havre de Grace.   Seestück.
J. B. Derrey sc. qu. fol.

Corn. Poelemburg.

201. Petit Écolier de Harlem.   J. S. Klauber sc.   4.

Paul Potter.

202. Le Pâtre, der junge Stier in Amsterdam. Aubertin sc.
Aquatinta-Farbendruck. qu. fol.
203. Die pissende Kuh.   Grosses Viehstück in der Eremi-
tage.   J. Völlinger lith.   qu. roy fol.   Aufgezogen.

Rembrandt.

204. Das Opfer Manoah's und seines Weibes.   J. Houbraken sc.   Dresdner Gallerie.   qu. fol.
205. Der Schreibmeister hinter dem Tische eine Feder
schneidend.   R. Houston sc.   Schwarzkunst.   fol.
Vor aller Schrift.   Unten über den Plattenrand
beschnitten.

P. P. Rubens.

206. Susanna im Bade.   J. M. Moreau sc.   Radirt.   qu.
fol.   Vor der Schrift.   Bis zum Plattenrand beschnitten.
207. Brustbild eines Alten mit Pelzmütze.   Dresdner Gallerie.
P. Tanjé sc.   gr. fol.
208. St. Michael, gen. der kleine Engelsturz.   J. Neefs sc.
G. Hendrix exc.   fol.   Basan 2.
209. Lot's Auszug.   L. Vorsterman sc.   qu. fol.   B. 3.
Guter Abdruck.
210. Melchidesech Brod und Wein darbringend.   H. Wit-
done sc.   qu. fol.   B. 10.
211. Mariä Vermählung.   „Virgo deponsata etc."   S. a
Bolswert sc.   fol. B. 1.   Die zweite Schriftzeile ausradirt.
212. Herodias bringt das Haupt des Johannes.   S. a Bolswert sc.   gr. qu. fol.   B. 41.
213. 3 Bl.   The Descent from the Cross in der Cathedrale
von Antwerpen mit den Flügelbildern.   V. Green sc.
Schwarzkunst, farbig gedruckt.   roy. fol.
214. Der Christ mit dem Capuziner.   Christi Funus.   P.
Pontius sc.   fol.   B. 101.   Guter Abdruck.   Ueber
den Stichrand beschnitten und aufgezogen.
215. Vier Kirchenväter in Disputation.   Halbfiguren.   C. v.
Dalen sc.   fol.   B. 3.

216. Dasselbe.
217. Die heilige Familie und Johannes mit seinen Aeltern. R. Earlom sc. Schwarzkunst. gr. fol.
218. Mariä Himmelfahrt. S. a Bolswert sc. gr. fol. B. 4. Schöner 2. Abdruck, mit Hendricx' Adresse.
219. Der Triumph der Jungfrau, in reicher allegorischer und architektonischer Umgebung. A. Lommelin sc. In 2 unzusammengefügten Blättern. gr. fol. B. 9.
220. St. Franciscus Xaverius Wunder thuend. J. Marinus sc. gr. fol. B. 16. Guter Abdruck. Bis zum Plattenrand beschnitten.
221. Les trois Graces, en Hautrelief behandelt. J. Massard sc. 4.
222. Eurytus raubt Hippodame. Ovid Met. lib. XII. P. Baillu sc. qu. fol. B. 15. Beschnitten.
223. Der trunkene Silen unter Satyrn und Bacchantinnen. P. Soutman sc. gr. qu. fol. B. 64. Guter Abdruck mit de Wit's Adresse.
224. Der trunkene Silen von Satyrn geführt. S. a Bolswert sc. fol. B. 66. Mit ausgelöschter Adresse.
225. Silen mit seinem Gefolge, einen grossen Traubenzweig in der Hand. G. Folo sc. gr. qu. fol. Trefflicher Abdruck vor aller Schrift.
226. Cimon und Pero. Charité romaine. Al. Voet sc. qu. fol. B. 37. Scharf beschnitten und braun.
227. Les Suites de la Guerre. A. Duclos sc. qu. fol.
228. 2 Bl. La Paix confirmée dans le Ciel, und la Ville de Lyon va au devant de la Reine. Galerie Luxemburg. G. Duchange sc. fol. Etwas fleckig.
229. Rubens' Frau und Sohn, bei einem Tisch mit Früchten. R. Earlom sc. Schwarzkunst. gr. qu. fol. Vorzüglicher Abdruck vor der Schrift.
230. Rubens' Söhne. Dresdener Gallerie. W. Pichler sc. Schwarzkunst. roy. fol.
231. Oldenbarneveld. Nach dem Original in d'Altons Besitz. E. d'Alton sc. Radirung. qu. fol.
232. Löwenfamilie, im Hintergrund heranspringende Jäger. Dresdener Gallerie. J. E. Ridinger sc. qu. fol.
233. Dasselbe.
234. Dasselbe.
235. 2 Bl. Die grosse Nilpferd- und Krokodil-Jagd, und

die Wolfsjagd. P. Soutman sc. gr. qu. fol. B. 5 und
11. Ersteres aufgezogen.

236. The watering place. Grosse Landschaft. John Brown sc.
gr. qu. fol. Aufgezogen.

237. Der grosse Viehstall, mit dem verlorenen Sohn. Aus
der Folge der grossen Landschaften. S. a Bolswert sc.
B. 26. Schöner Abdruck.

238. Bauerntanz. Aus der Folge der kleinen Landschaften.
S. a Bolswert sc. qu. fol.

Jac. Ruysdael.

239. Die Hirschjagd. Dresdener Gallerie. A. Zingg sc.
qu. fol. Vorzüglicher Abdruck vor aller
Schrift, mit dem Wappen.

240. Rochers couverts d'Arbres. Landschaft mit einem
grossen Wasserfall. J. C. Haldenwang sc. fol.

241. Waldstrom mit Brücke. J. J. Freidhoff sc. Schwarzkunst. gr. fol. Bis zum Plattenrand beschnitten.

C. Ruthart.

242. 2 Bl. Bär im Kampf mit Hunden, und Hirsch. N.
Rhein sc. Aquatinta, farbig gedruckt. qu. roy. fol.
Im Rand fleckig.

Egid. Sadeler.

243. Die grosse Kauf- und Gerichtshalle in Prag, vom König Wladislaus 1493 errichtet, mit reicher Staffage.
gr. qu. fol. Scharf beschnitten und in 2 Theilen.

Pet. Schenk.

244. 2 Bl. Genrebilder nach A. Both. „Odoratus balsa-
micus", und „Factus ridiculus", mit holländischen Versen. Schwarzkunst. 4. Beschnitten und aufgezogen.

Cornelis Schut.

245. Die Beschneidung Christi. Reiche Composition. Radirt.
gr. qu. fol. Hauptblatt in schönem Druck.
Aufgezogen. (Siehe auch die II. Abtheilung.)

F. Snyders.

246. The Lion and Bear. R. Earlom sc. Schwarzkunst.
qu. fol. Schöner Abdruck.

H. M. Sorgh.

247. Die Fischhändlerin. Aus der Dresdener Gallerie. Fr.
Hanfstängl lith. fol. Chines. Papier.

Lambert Sustermans.

248. St. Petrus und Paulus Kranke heilend. L. Suavius sc.

qu. fol. Passavant, Peintre-Graveur, Tome III. Nr. 4.
Aufgezogen und brüchig.

F. Sustris.

249. Die Trauung. Manus manum lavat. F. Sadeler sc.
qu. fol. Etwas beschädigt aufgezogen.

D. Teniers.

250. Das Kegelspiel. D. Cunego sc. gr. qu. fol.
251. Rejouissances flamandes. J. P. le Bas sc. gr. qu. fol.
Ein Hauptblatt.
252. Le Trictrac. Vier Bauern beim Puffspiel. J. Ph. le
Bas sc. qu. fol. Bis zum Plattenrand beschnitten.
253. Ein grosses Bauerngastmahl. P. Fendi lith. Tondruck.
gr. qu. fol.
254. Les Passetemps de Flandres. J. Ph. le Bas sc. qu.
fol. Bis zum Plattenrand beschnitten.
255. Niederländische Dorfschenke. Fr. Hanfstängl lith.
qu. fol. Ohne Schriftrand.

G. Terburg.

256. Die väterliche Ermahnung. L. Heim lith. Tondruck. fol.

O. van Veen (Vaenius).

257. Die geistige Verlobung Christi mit der Kirche. G.
Vaenius sc. fol.

A. van der Velde.

258. Belustigung auf dem Eise. F. Hanfstängl lith.
qu. fol. Ohne Schriftrand.

Corn. Visscher.

259. Die Zigeuneramme. fol. Schöner 2. Abdruck mit
de Jonghe's Adresse. Bis zum Stichrand beschnitten, der Schriftrand ganz fehlend und aufgezogen.

J. Weenix.

260. La Partie de Plaisir. N. de Launay sc. gr. qu.
fol. Vor der Dedication und mit dem Wappen.
Etwas brüchig und eingerissen.

A. van der Werff.

261. Das Urtheil des Paris. M. Blot sc. fol. Schöner
Abdruck, aber bis zum Plattenrand beschnitten.
262. Ein Hirt spielt die Flöte, zwei junge Hirtinnen tanzen.

Ed. Fisher sc. Schwarzkunst. fol. Vorzüglicher Abdruck.

H. Wierex u. A.

263. 21 Bl. Andachtskupfer. Kleines Format. Beschnitten, aufgezogen, mehrere fleckig.

J. a Winge.

264. Die Anbetung des Lammes. J. Sadeler sc. fol. Etwas beschädigt.

265. St. Paulus schreibend bei Aquila und Priscilla. Idem sc. qu. fol. Beschnitten und aufgezogen.

Ph. Wouwerman.

266. L'Hyver. Bauern an einem gefrornen Canal mit Holzfällen beschäftigt. J. Moyreaud sc. qu. fol.

Italienische Schule.

Francesco Albano.

267. Mythologisch-allegorische Darstellung auf die Cultur der Orangen. C. Bloemaert sc. fol.

268. Liebesgötter tanzen um Amors Bild, in der Ferne der Raub der Proserpina. Dresdener Gallerie. P. Tanjé sc. qu. fol.

269. Der Raub der Europa. Jac. Frey sc. qu. fol.

270. Diana mit ihren Nymphen und Aktäon. F. Rainaldi sc. gr. qu. fol. Vorzüglicher Abdruck.

271. Die Geburt der Jungfrau Maria. P. S. Bartoli sc. fol. Etwas beschädigt und aufgezogen.

272. 4 Bl. Die Folge der Geschichte der Venus in reichsten Landschaften. E. Baudet sc. gr. qu. fol. Capitalfolge.

Baccio Bandinelli.

273. Der betlehemitische Kindermord. G. B. de Cavalleriis sc. qu. fol. Bis zum Stichrand beschnitten.

G. Barbarelli il Giorgione.

274. Drei Gelehrte in einer Landschaft mit überhängendem Felsen. F. Troyen sc. qu. fol. Beschnitten.

Fed. Barocci.

275. Hagar und Ismael. G. Koch lith. Chines. Papier. fol.

276. Die heilige Familie und St. Clara. S. Passe sc. fol.
277. Christus erscheint der Magdalene im Garten. H. Schmitz sc. fol. Aufgezogen.
278. Dasselbe anders. L. Ciamberlano sc. fol. B. 3. Alter schöner Abdruck. Aufgezogen.

Fra Bartolommeo.

279. La Madonna della Misericordia. J. Saunders sc. roy. fol. Aetzdruck, nur die Gruppe rechts unten vollendet.
280. Saint Marc in einer Nische. C. Langlois sc. fol. Ueber den Plattenrand beschnitten.
281. La Présentation de Jésus Christ au Temple. J. Massard sc. 4. Ebenso.

G. Ponte gen. Bassano.

282. Grablegung Christi. J. Sadeler sc. Cabinet de Reynst. fol. Aufgezogen.
283. 2 Bl. Christus treibt die Wechsler aus dem Tempel. Dresdener Gallerie. Phil. Andr. Kilian sc. qu. fol.
284. Die Anbetung der Hirten. Dresdener Gallerie. P. Chenu sc. qu. fol.

P. Battoni.

285. Die büssende Magdalena. Dresdener Gallerie. J. Camerata sc. qu. fol.

Giovanni Bellini.

286. Christus in ganzer Figur. Dresdener Gallerie. G. Planer sc. fol.

Pietro Berrettini da Cortona.

287. Die heil. Familie mit Engeln. F. de Poilly sc. fol. Vorzüglicher Abdruck.
288. Der Raub der Sabinerinnen. P. Aquila sc. gr. qu. fol. Etwas fleckig und gebrochen.
289. Das Opfer der Polyxena. Idem sc. gr. qu. fol. Ebenso.
290. Madonna mit dem Kinde und St. Martina in einer Landschaft. F. Spierre sc. qu. fol. Bis zum Stichrand beschnitten und der Schriftrand ganz fehlend.
291. Der Berg Athos personificirt, im Vorgrunde der Papst. F. Spierre sc. fol.

P. Bettelini.

292. Aminta, ein Liebespaar. Punktirt. Oval. fol.

G. Boltraffio.

293. Die heilige Barbara. J. Caspar sc. Preuss. Kunst-Vereins-Blatt. fol.

Paris Bordone.

294. Salvator Mundi. Gius. Dala sc. fol. Im Rande eine kleine Beschädigung.

M. Angelo Buonaroti.

295. 13 Bl. I Profeti e le Sibille dipinte nella Cappella Sistina. Roma 1825. Mit dem Portrait M. Angelo's. F. Ruscheweyh sc. 4.
296. Die Hauptgruppe (Christus) aus dem jüngsten Gericht. Umriss. (Nr. 10.) qu. fol.
297. Die drei Parzen. F. Gregory sc. fol.
298. David und Goliath. D. da Volterra p. B. Audran sc. qu. fol.

Polidoro da Caravaggio.

299. 3 Bl. Fries aus dem Leben der Niobe. G. B. Gale-struzzi sc. qu. fol. B. 16. Beschnitten und braun.

M. Amerighi gen. Caravaggio.

300. Die falschen Spieler. Dresdener Gallerie. P. Tanjé sc. qu. fol.
301. Die Grablegung Christi. J. J. Freidhoff sc. Schwarz-kunst. gr. fol. Bis zum Stichrand beschnitten, der Schriftrand fehlend und aufgezogen.

Agostino Carracci.

302. Madonna mit dem säugenden Kinde in einer Landschaft. F. Brizio sc. fol. B. 3.

Annibale Carracci.

303. L'Amour châtié. V. Vangelisty sc. fol. Etwas be-schädigt und der Rand unterlegt.
304. Venus Anadyomene, Nymphen und Tritonen. C. Duflos sc. qu. fol. Bis nahe an den Stichrand beschnitten und aufgezogen.
305. Maria mit dem schlafenden Jesuskind und dem kleinen Johannes. Elias Hainzelmann sc. gr. qu. fol. Etwas brüchig.
306. Maria, den Leichnam des Herrn im Schoosse, von Engeln gehalten. F. Wrenk sc. Schwarzkunst. qu. fol. Sehr schöner Abdruck.
307. Diana bestraft Calisto. Landschaft. P. Picart sc.

gr. qu. fol. Bis zum Plattenrand beschnitten und braun.

Benedetto Castiglione.

308. Jacob zieht mit seiner Familie nach Cana. Dresdener Gallerie. P. Aveline sc. qu. fol.
309. Dasselbe.
310. Noah lässt die Thiere in die Arche eingehen. Dresdener Gallerie. Idem sc. qu. fol.
311. Dasselbe. Fleckig.

Carlo Cignani.

312. Silène. J. Pichler sc. Schwarzkunst. gr. qu. fol. Vorzüglicher Abdruck.

L. Cigoli.

313. Ecce homo. B. A. Nicolet sc. 4. Ohne Plattenrand.
314. St. Petrus tauft St. Prisca und ihre Begleiterin. P. Galle sc. fol.
315. Das Gastmahl Simons des Pharisäers mit der Sünderin. C. Galle sc. qu. fol. Aufgezogen.

Ant. Allegri gen. Correggio.

316. Kinder mit einem Hund. Lünette aus der Folge der Bilder in St. Paolo zu Parma. A. Dalio und P. Toschi sc. fol. Vorzüglicher Abdruck auf Chines. Papier.
317. Amor greift nach dem Bogen, welchen Venus emporhält, ein Satyr belauscht sie. C. Guerin sc. fol. Schöner Abdruck vor der Schrift, aber über den Plattenrand beschnitten.
318. Jupiter und Io. J. Johnson sc. Schwarzkunst. fol. Beschnittten und aufgezogen.
319. Maria mit dem Kind auf dem Throne, nebst Franziskus, Antonius von Padua, Johannes dem Täufer und Catharina. J. Fessard sc. gr. fol.
320. The holy Family. G. T. Doo sc. fol.

Dan. Crespi.

321. Christus das Kreuz tragend. G. Felsing sc. fol.

C. Dolce.

322. Mater pulchrae Dilectionis. Gius. Longhi sc. fol. Matter Druck.

323. Christus auf dem Oelberg. Fr. Lehmann sc. 4. Ohne Plattenrand.
324. Madonna mit dem Kinde, Lilien und Rosen haltend. C. E. C. Hess sc. fol. Vor aller Schrift. Der Rand etwas brüchig und rissig.

Gaudenzio Ferrari.
325. Die Ausgiessung des heil. Geistes. F. Hortemels sc. f.

Cirro Ferri.
326. Das Opfer der Vestalinnen. P. Aquila sc. Reiche Composition. gr. fol.

Fra Beato Angelico da Fiesole.
327. Das Almosen des heil. Laurentius. L. Gruner sc. fol. Vorzüglicher Abdruck auf Chines. Papier.
328. San Giovan Evangelista. Nach dem Fresco im Vatican. E. Stölzel sc. qu. fol.
329. Dasselbe. Vorzüglicher Abdruck auf Chines. Papier.

Marc Antonio Franceschini.
330. 2 Bl. Kinderbacchanale in Landschaften. J. Bartolozzi sc. qu. fol.

F. Raibolini gen. Francia.
331. Madonna mit dem Kinde. Gallerie Speck - Sternburg. G. Koch lith. Leipziger Kunst-Vereins-Blatt. fol.
332. Dasselbe.

Benvenuto Tisio da Garofalo.
333. Madonna mit dem Kinde in Wolken von einem musicirenden Engelchor umgeben. G. Guzzi sc. qu. fol.
334. Madonna mit dem Kinde. J. A. Drda sc. fol.

Dom. Ghirlandajo.
335. L'Adorazione dei Magi. A. Alfieri sc. Rund. fol.

Luca Giordano.
336. Das Urtheil des Paris. R. Earlom sc. Schwarzkunst. Schöner Abdruck vor der Schrift.
337. A sleeping Bacchus. R Earlom sc. Schwarzkunst. qu. fol. Vorzüglicher Abdruck.
338. Susanna im Bade. Dresdener Gallerie. J. F. Beauvarlet sc. qu. fol.
339. Lot und seine Töchter. Dresdener Gallerie. J. F. Beauvarlet sc. qu. fol.

340. Dasselbe.
341. Der Raub der Sabinerinnen. Dresdener Gallerie. D. Sor-
nique und J. Gaillard sc. qu. fol.
342. Dasselbe.
343. Perseus mit dem Haupt der Medusa. Ebenda. J. F.
Beauvarlet sc. qu. fol.
344. Dasselbe.

Giotto di Bondone.
345. Das Abendmahl (aus St. Groce in Florenz). F. Ruscheweyh sc. In 3 nicht zusammengefügten Blättern. qu.
imp. fol.

F. Barbieri gen. Guercino.
346. Esther vor Ahasverus. R. Strange sc. qu. fol. Le
Blanc 2. Schöner Abdruck. Bis zum Plattenrande
beschnitten.
347. Aurora auf dem Himmelswagen. J. Volpato sc. qu.
roy. fol. Ein Hauptblatt.
348. Venus erblickt den Leichnam des Adonis. Louis
Lempereur sc. qu. fol.
349. Dasselbe.
350. 2 Bl. Kinder spielend bei einer Vase, und Ein Heiliger
mit einem Engel. F. Bartolozzi sc. In Zeichnungsmanier. qu. fol. u. fol.
351. Maria das Jesuskind lesen lehrend. F. Bartolozzi sc.
Punktirt. Oval fol.
352. Lot und seine Töchter. Raph. Morghen sc. gr.
qu. fol.
353. Das Schweisstuch. L. Gruner sc. qu. 4. Vorzüglicher Abdruck.

J. Ligozzi.
354. Die Wahrheit besiegt den Neid. J. Th. Prestel sc.
Aquatinta u. in Zeichnungsmanier mit Gold gehöht. fol.

Pietro Longhi.
355. 2 Bl. Die Sängerin, und der Arzt. F. Bartolozzi sc. fol.

Carlo Lotti.
356. Heilige Familie, a. d. Cabinet Brühl. Ph. A. Kilian. sc. fol.

Bernardino Luini.
357. Madonna mit dem Kinde, ein geschlossenes Buch in
der Rechten. T. Raggio sc. fol. Vorzüglicher
Abdruck vor der Schrift.

358. Christus das Kreuz tragend. Ant. Krüger sc. fol.
Vorzüglicher Abdruck.   ·

Carlo Maratti.

359. Die Flucht der Clelia. Reiche Composition in G. Romano's Manier. Procaccini sc. gr. qu. fol.
360. Das Lebensschiff mit der Zeit als Steuermann. B. Picart sc.
fol. Bis zum Plattenrand beschnitten.
361. Heilige Familie. Jac. Frey sc. fol.
362. Madonna mit dem Kinde und zwei Engeln. Jac. Coelemans sc. qu. fol.
363. 2 Bl. Brautwerbung des jungen Tobias und Maria mit dem Jesuskinde und Johannes. F. Bartolozzi sc. qu. fol. und fol.
364. Maria mit dem Kinde bei der Krippe, mit drei Engelsköpfchen. Dresdener Gallerie. L. Zucchi sc. fol.
365. Die Anbetung der Könige. N. Dorigny sc. fol.
366. Madonna mit dem Kinde von St. Jacobus und Franz von Assisi verehrt. (P. del Po sc.?) fol. Beschnitten und aufgezogen.
367. 2 Bl. Landleute mit Weinkeltern und Morfeln beschäftigt, nach Stellen der Sprüche Sal. und dem Ev. Math. J. B. de Poilly und G. G. Frezza sc. qu. fol. Bis zum Plattenrand beschnitten, eins aufgezogen.
368. S. Antonius von Padua, knieend vor dem Jesuskinde. P. S. Bartoli sc. fol.
369. Heilige Familie. „Parce Somnum rumpere." R. Strange sc. fol. Le Blanc 9. Sehr seltener Abdruck auf starkes Seidenpapier, pergamentähnlich. Mit einer kleinen geriebenen Stelle am Auge der Madonna.

Franc. Mazzuoli gen. Parmeggiano.

370. Das junge Weib mit dem Kinde. „Parmigiani amica." R. Strange sc. fol. Le Blanc 55. Schöner Abdruck, aber über den Plattenrand beschnitten.
371. La Vierge et l'Enfant Jésus. E. Beisson sc. 4. Ueber den Plattenrand beschnitten.
372. Maria mit dem Kinde, daneben eine Gruppe von Engeln. Florentiner Gallerie. Fra A. Lorenzini sc. gr. fol.
373a. Maria mit dem Kinde auf dem Thron, nebst S. Franciscus und Sebastian. Dresdener Gallerie. J. Le Mire sc. f.

A. Meldolla gen. Schiavone.

373b. Die Anbetung der Hirten. P. del Po sc. Reiche

Composition. Radirt. gr. qu. fol. B. 4. Vor dem
Namen des Meisters u. vor dem Portrait des Franceschi.

Giov. Maria Morandi.

374. Das Sterbebett der Jungfrau Maria. P. Aquila sc.
Reiche Composition. gr. qu. fol.

B. Murillo.

375. Maria hält das bekleidete Kind auf dem Schoosse,
welches mit gekreuzten Armen emporblickt. R. Geiger sc.
Schwarzkunst. fol. Vor aller Schrift.
376. The Assumption of the Virgin. Val. Green sc. Schwarzkunst. fol. Etwas fleckig.
377. Maria betend vor einem Lesepult. A. Gaiger sc.
fol. Vor aller Schrift.
378. St. Juste. Blanchard père sc. fol.

J. Palma Vecchio.

379a. Madonna mit S. Catharina und Johannes. Dresdener
Gallerie. M. Steinla sc. qu. fol. Vorzüglicher
Abdruck vor der Schrift.

J. P. Pannini.

379b. 2 Bl. Ruinen mit Staffage. F. Janinet sc. Aquatinta und Farbendruck. fol. Ueber den Plattenrand
beschnitten.

C. Piazza gen. Calisto da Lodi.

380. Christus das Kreuz tragend. P. Anderloni sc. 4.

Gio. Bap. Piazzetta.

381. Der sterbende Heiland am Kreuze. M. Pitteri sc.
gr. fol.

J. P. Piranesi.

382. 2 Bl. Veduta del Anfiteatro Flavio, dette il Colosseo,
und dasselbe von oben gesehen. Radirt. gr. qu. fol.

Gio. Ant. Licinio gen. Pordenone.

383. Die Ehebrecherin vor Christo. Berliner Museum.
Fr. Jentzen lith. qu. fol. Chines. Papier.

Gius. Porta gen. Salviati.

384. Der Leichnam Jesu von Engeln gehalten. Dresdener
Gallerie. P. Tanjé sc. fol.

Francesco Primaticcio.

385. 2 Bl. Herkules und Venus. Aus der Folge der Pla-

fonds. G. Ghisi sc. Oval. qu. fol. B. 48 und 49. Oval beschnitten, letzteres aufgezogen.

Camillo Procaccini.

386. Der heil. Rochus heilt Pestkranke. J. Camerata sc. qu. roy. fol.

Rafael Santi von Urbino.

387. Das Portrait des Meisters. F. Müller sc. 4. Passavant II. p. 64. Mit Nadelschrift.
388. Die Anbetung der Könige. Aus den Tapeten. P. S. Bartoli sc. In 3 unzusammengef. Blättern. qu. roy. fol. Pass. II. p. 267.
389. Das Abendmahl; Fresco in S. Onofrio zu Florenz. Ch. Jeanneret sc. qu. fol. Pass. III. p. 162.
390. Die Grablegung. C. J. Ratti del. G. Perini sc. Radirt. qu. fol. Pass. II. p. 77. Unvollendeter Probedruck. Etwas fleckig und nahe am Stichrande beschnitten.
391. Die Predella der Grablegung. G. Koch lith. Tondruck und Chines. Papier. qu. fol.
392. Die Madonna di Foligno. N. Schenker sc. gr. fol. Pass. II. p. 135. Bis zum Plattenrand beschnitten, der Schriftrand ganz fehlend, gebräunt u. aufgezogen.
393. Engelskopf aus der Sixtinischen Madonna. L. Truschel lith. Tondruck. qu. fol.
394. Die heil. Familie mit dem Pergamentstreifen. (G. A. J. Munro.) F. Forster sc. fol. Pass. II. p. 267. Schöner Abdruck. Bis nahe an den Plattenrand beschnitten.
395. Madonna dell' Impannata. Florenz. E. Esquivel sc. fol. Pass. II. p. 395. Bis zum Plattenrand beschnitten und aufgezogen.
396. La Vierge à la Rédemption. Galerie Tononi. A. Martinet sc. gr. fol. Schöner Abdruck.
397. Madonna mit den Candelabers. P. Bettelini sc. fol. Pass. II. p. 400. Vorzüglicher Abdruck. Bis zum Plattenrand beschnitten und aufgezogen.
398. Dieselbe. E. Morace sc. kl. fol. Pass. ebend.
399. Kopf der Madonna mit dem Stieglitz in Florenz. M. Esquivel sc. Oval 4. Pass. II. p. 48.
400. Die heil. Familie mit der Fächerpalme. Galerie Egerton in London. A. Martinet sc. gr. fol. Pass. II. p. 52. Schöner Abdruck auf Chines. Papier.

401. Die h. Familie mit Joseph ohne Bart. In S. Petersburg. W. Ketterlin sc. fol. Pass. II. p. 59.
402. Die heil. Familie mit dem Christkinde auf dem Lamm. (b. Malaspina). G. Garavaglia sc. fol. Pass. II. p. 91.
403. Madonna mit dem Diadem. (Vierge au Linge.) Louvre. F. J. Frey sc. fol. Pass. II. p. 133. Gebrochen.
404. Madonna della Sedia, in Florenz. J. C. Ulmer sc. Pass. II. p. 296. Fleckig.
405. Dieselbe. G. Koch lith. Tondruck u. Chines. Pap. f.
406. Dasselbe.
407. Dasselbe.
408. Dasselbe. Vor aller Schrift, ohne Tonplatte.
409. Madonna des Grafen Staffa. Vierge au Livre. Th. Richomme sc. fol. Pass. II. p. 19. Vorzüglicher Abdruck auf Chines. Papier. Etwas stockfleckig.
410. Madonna del Granduca. R. Morghen sc. fol. Pass. II. p. 36. Unreiner Druck.
411. Dieselbe. Ach. Martinet sc. fol. Chines. Papier. Der äussere Papierrand etwas fleckig.
412. St. Catherina (bei Beckford). G. Koch lith. fol. Pass. II. p. 71. Chines. Papier.
413. Die h. Caecilie mit Heiligen (in Bologna). R. Strange sc. gr. fol. Pass. II. p. 182. und Le Bl. 14. Schöner Abdruck, aber fleckig u. bis nahe an den Plattenrand beschnitten.
414. Dasselbe, nur die heilige Caecilie selbst. G. Koch lith. fol. Chines. Papier.
415. Die Vermählung Mariae (in Mailand). G. Koch lith. gr. fol. Pass. II. p. 29. Tondruck und Chines. Papier.
416. Dasselbe. Ebenso.
417. 2 Bl. Justitia und Comitas, aus dem Constantinssaale. R. Strange sc. fol. Pass. II. p. 375 und 376. Vorzügliche Abdrücke.
418. 8 Bl. Die Folge der Stanzen. G. Volpato und R. Morghen sc. qu. roy. fol. Nebst 4 Erklärungsblättern in qu. fol. Pass. II. p. 94 ff. Vor der Adresse der Caliografia und den neuern Retouchen. Wenig stockfleckig.
419. Die Disputa, ebendaher wie die Folgenden. G. Volpato sc. qu. roy. fol. Aelterer klarer Abdruck.

420. Die Vertreibung des Heliodor. Idem sc. qu. roy. fol.
Schöner alter Abdruck.
421. Die Messe von Bolsena. R. Morghen sc. qu. roy. fol.
Guter späterer Abdruck.
422. Die drei Cardinaltugenden. Idem sc. gr. qu. fol.
Guter Abdruck.
423. Justitia. Idem sc. f. Bis zum Plattenrand beschnitten
und aufgezogen.
424. Die Galathea, aus der Farnesina. H. Goltzius sc.
fol. Bartsch 270. Pass. II. p. 174. Schöner alter
Abdruck, aber beschädigt und aufgezogen.
425. 25 Bl. Die Geschichte von Amor und Psyche in der
Farnesina. F. Schubert sc. Radirt. fol. Pass. II.
p. 344. (10 Dreieckfelder, 14 Stichkappen und Ueber-
sichtsblatt). In Umschlägen.
426. Jeanne d'Arragon, im Louvre. A. Lefèvre sc. fol.
Pass. II. p. 323.

Guido Reni.

427. Mater dolorosa. C. Rahl sc. fol. Vor der Schrift.
428. Maria, Brustbild in Oval. „Vulnerasti cor meum sponsa."
Cl. Duflos sc. gr. fol.
429. S. M. Magdalena, in Oval. D. Cunego sc. 4.
430. Der kleine trinkende Bacchus. Dresdener Gallerie.
J. Camerata sc. fol.
431. Hochzeit des Bacchus und der Ariadne. Jacobus
Frey sc. (Aus 2 Stücken zusammengesetzt.) qu. roy.
fol. Etwas fleckig.
432. Liberality and Modesty. Rob. Strange sc. gr. fol.
Le Bl. 40. Bis zum Plattenrand beschnitten.
433. Der Engel Michael besiegt den Teufel. Giov. Folo sc.
gr. fol. Etwas fleckig.
434. Artemisia. J. F. Bause sc. fol. Keil. 15.

Gius. Ribera gen. Spagnoletto.

435. 2. Bl. Petri Befreiung, und S. Franziscus von einem
Engel besucht. Dresdener Gallerie. M. Pitteri sc.
qu. fol.
436. Der Philosoph Diogenes mit der Laterne. Ebendaher.
J. Daullé sc. fol.
437. Le Philosophe spéculatif. J. Canale sc. fol. Neuer
Abdruck.

Sebastiano Ricci.

438. Christi Himmelfahrt. Dresdener Gallerie. J. Punt sc.
qu. fol. Mit br. Rand.

Andrea Vannucchi gen. del Sarto.

439. La Charité. Musée Napoleon. P. Audouin sc. fol.
440. La Madonna col Bambino. Rafael Morghen sc.
fol. Vorzüglicher Abdruck vor der Adresse.
Etwas stockfleckig.

G. B. Salvi gen. Sasso Ferrato.

441. Maria betend. F. Anderloni sc. fol. Vorzüglicher Abdruck vor der Schrift. Mit Auto-
graph des Drucker Bardi.

Bartolomeo Schidone.

442. Madonna mit dem Kinde. J. Smith sc. Schwarzkunst.
fol. Schöner 1. Abdruck vor der Jahrzahl.

A. Tiarini.

443. Angelica und Medoro. Dresdener Gallerie. A. Ra-
digues sc. qu. fol.

Jacopo Robusti gen. Tintoretto.

444. Die Ehebrecherin vor Christo. Dresdener Gallerie.
Phil. Andr. Kilian sc. qu. roy. fol. Gebrochen.
445. Die Grablegung Christi. Corn. Visscher sc. fol. Guter
Abdruck. Bis zum Plattenrand beschnitten, etwas
fleckig und aufgezogen.

Alessandro Turchi gen. l'Orbetto.

446. Maria dem Jesuskinde die Brust reichend. Dresdener
Gallerie. E. G. Krüger sc. kl. fol. Vor der
Schrift.
447a. Venus hält den todten Adonis im Schoosse. Dresdener
Gallerie. J. Beauvarlet sc. qu. fol.
447b. Die Vermählung der heil. Catharina. G. Scotin sc.
qu. fol. Der Rand aufgezogen.

Gius. Vasi.

448. Panorama von Rom in 12 Bl. gr. fol. Zusammen-
gebrochen auf Leinwand.

Titian Vecelli.

449. Portrait einer jungen Dame. Halbfigur. Nach dem
Original in Copenhagen. V. D. Preisler sc. Schwarz-
kunstblatt. fol.

450. Heilige Familie, St. Magdalena, Paulus und Petrus.
Dresdener Gallerie. Jac. Folkema sc. qu. fol.
451. Junge Dame mit dem Fächer. Dresdener Gallerie.
F. Basan sc. fol.
452. La Flora. R. Bettazzi sc. Mit gerissener Schrift.
Chines. Papier.

Paolo Cagliari gen. il Veronese.
453. Die Geburt Christi mit der Anbetung der Hirten.
G. M. Mitelli sc. Geätzt. Achteckig. gr. qu. fol.
454. Die Anbetung der Könige. Dresdener Gallerie. Phil.
Andr. Kilian sc. gr. qu. fol. Späterer Abdruck.
455. Die sogenannte Familie Concina. Idem sc. gr. qu. fol.
Gebrochen.
456. Das Gastmahl des Pharisäers. Dresdener Gallerie.
L. Jacob sc. qu. roy. fol.
457. Christ au Tombeau. G. Duchange sc. fol. Sehr
seltener Abdruck vor der Schrift, ohne Plattenrand und oben verschnitten.

F. Villamena.
458. Die Faustschläger. (Satyre auf die Liga unter Heinrich IV.) gr. qu. fol. Guter Abdruck, wenig
beschädigt.

Leonardo da Vinci.
459. Prudence and Beauty. M. Boni sc. Punktirt. gr. qu. fol.
460. Die heilige Catharina. Joh. Gotth. v. Müller sc. fol.
461. Dieselbe. Schöner Abdruck mit Nadelschrift.
462. La Vierge aux Balances. F. Garnier sc. gr. fol.
463. Maria mit dem Kinde und St. Catharina. Nicolaus
Hoff sc. fol.
464. S. Anna colla beata Virgine ed il divino Infante.
G. Benaglia sc. gr. fol. Faltig.

G. Volpato.
465. Innere Ansicht des Coliseums. G. Volpato u. Ducros sc.
Radirt in Umriss u. colorirt. qu. roy. fol. Aufgezogen.

Daniel da Volterra.
466. Die Grablegung. J. T. Prestel sc. Aquatinta in
Handzeichnungsmanier mit 2 Pl. qu. fol.

Domenico Zampieri gen. Dominichino.
467. 2 Bl. David tanzt vor der Bundeslade, und die Ohnmacht der Esther. Aus der Folge. G. Audran sc. fol.

468. Die Verkündigung. D. Cunego sc. fol.
469. Die Anbetung der Könige. Idem sc. qu. fol.
470. S. Johannes. Fr. Müller sc. fol. Gute Copie, welche nur zu oft für das Original verkauft wird.
471. 4 Bl. Die Folge der Evangelisten mit Engeln in Bogenzwickeln in St. Andrea zu Rom. N. Dorigny sc. gr. fol. Vorzügliche Abdrücke. Eins wenig fleckig.
472. Die Verzückung S. Pauli. E. Rousselet sc. fol. Bis zum Plattenrand beschnitten.
473. S. Caecilia Violine spielend mit singenden Engeln. E. Conquy sc. qu. fol.
474. Dieselbe mit Violoncell und einem notenhaltenden Engel. (Cabinet du Roy). S. Picart sc. fol.
475. Dieselbe, Halbfigur, ein Notenblatt entrollend. H. Sintzenich sc. Farbig punktirt. kl. fol.
476. Dieselbe, Halbfigur, Viola spielend. Beim Grafen Français. J. Lignon sc. fol.
477. 2 Bl. Almosen und Tod der heil. Caecilie (in der Kirche S. Luigi zu Rom). F. u. J. B. de Poilly sc. gr. fol.
478. 4 Bl. Die Folge der Cardinaltugenden mit Engeln in der Kirche S. Carlo zu Rom. J. J. Frey sc. gr. fol.
479. Die Zeit trägt die Wahrheit zur Sonne. Deckenbild. In Umriss radirt. Ohne Stechernamen. qu. fol.

Federico Zuccaro.
480. Die Geburt der Maria. G. Valesio sc. fol.
481. Die Geburt der Maria. C. Cort sc. fol.
482. Die Verkündigung mit reicher Allegorie. Idem sc. In zwei zusammengef. Bl. qu. roy. fol. Gebrochen und fleckig.

Taddeo Zuccaro.
483. Das heil. Pfingstfest. C. Cort sc. 1574. fol. 2. Abdruck mit Orlandi's Adresse. Etwas fleckig.

Französische Schule.

Jacques Bellange.
484. Die drei Marien am Grabe des Herrn. Radirt. fol. R.-D. 9. Vorzüglicher Abdruck.

F. Biard.

485. Baptème sous les Tropiques. Reiche Composition. J. Jazet sc. Aquatinta. qu. roy. fol.

F. Boucher.

486. Vertumne et Pomone. A. St. Aubin sc. qu. fol.

E. C. Boulanger.

487. Le bon Ange. N. Desmadryl sc. Mezzotinto. fol.

S. Bourdon.

488. Die 7 römischen Haupttugenden in 7 Bl. historischen Compositionen Drevet's exc. Rund fol. Drevet's Adresse zum Theil gelöscht.

489. Die heilige Familie, auf der Flucht ruhend, von Engeln umgeben, in einer Landschaft an einem Fluss. E. Baudet sc. Rund. fol. Beschnitten und der Rand etwas beschädigt.

490. Die heilige Familie auf der Flucht, ruhend unter einem Palmenbaum. N. Chasteau sc. qu. fol. Bis zum Plattenrand beschnitten.

C. Le Brun.

491. 8 Bl. Tappisseries du Duc d'Orléans, représentant l'Histoire de Méléagre. Picart, Folkema u. A. sc. Amsterdam 1714. qu. fol.

492. Die Darstellung der Jungfrau Maria im Tempel, mit der Dedication an den Erzbischof Harlay. B. Audran sc. gr. fol.

493. Die Verwundung des Porus, aus der Folge der Alexanderschlachten wie die Folgenden. B. Picart sc. In 3 zusammengefügten Bl. qu. imp. fol. Guter Abdruck, wie die Folgenden.

494. Die Gefangennehmung des Porus. G. Audran sc. In 4 zusammengef. Bl. Ebenso. Im Rande etwas eingerissen.

495. Der Uebergang über den Granicus. Idem sc.

496. Die Schlacht bei Arbela oder der Sieg über den Darius. Idem sc.

497. Moses am Feuerbusche. F. Bonnemer sc. Oval fol. Rob.-Dum. 1. Seltener, zweiter Abdruck.

498. Christus am Kreuz mit der Familie Louis XIV. F. Rosmäsler sc. fol.

Louise Elizabeth le Brun.

499. La Paix qui ramène l'Abondance. Pierre Viel sc. gr. qu. fol. Aufgezogen und ohne Plattenrand.

A. Calame.

500. Piniengruppe am Meer. Orig.-Lithographie. Tondruck. qu. fol.

P. J. Cazes.

502. Dom Denys de St. Marthe. Halbfigur. P. Drevet sc. fol. Schöner Abdruck, aber beschnitten.

Phil. de Champagne.

503. Moses mit den Gesetztafeln. R. Nanteuil und G. Edelinck sc. gr. fol. Rob.-Dum. 2. 3. Abdruck.

Leon Cogniet.

504. Tintoretto am Todtenbette seiner Tochter. A. Martinet sc. Düsseldorfer K.-V.-Blatt. qu. fol.

A. Collas.

505. Napoleon und Marie Louise. Medaillon in Reliefstich. fol.

M. Corneille.

506. Christi Darstellung im Tempel. J. Audran sc. gr. qu. fol. Capitalblatt mit Mariettes Adresse. Gebrochen.

Ant. Coypel.

507. Aeneas erscheint in Wolken bei Dido. Sim. Thomassin sc. gr. qu. fol. Bis zum Plattenrand beschnitten und aufgezogen.

L. Defrance.

508. Die Entlassung von Mönchen und Nonnen unter Joseph II. C. G. Guttenberg sc. gr. qu. fol. Aufgezogen.

G. Dughet gen. Poussin.

509. Der Wald, zwei Männer mit Hund im Vorgrund. W. Woollett und J. Browne sc. qu. fol. Guter Abdruck.

510. Heroische Landschaft mit der Sphinx. Wiener Gallerie. C. Rahl sc. gr. fol.

P. Gagnereaux.

511. Jupiter als Satyr beschleicht die Nykleis. Giov. Folo sc. gr. qu. fol. Grau und brüchig.

François Girardon.

512. 2 Bl. Das Grabmal Richelieu's von 2 Seiten. B.
Picart sc. qu. fol.

J. B. Greuze.

513. Das Kind mit dem Hunde. C. A. Porporati sc.
gr. fol. Hauptblatt in gutem ersten Abdruck
mit der Adresse des Malers Rue Thibautodé.
514. Les Oeufs cassés. P. L. Moitte sc. gr. qu. fol.
515. Le Paralytique servi par ses Enfants. J. J. Flipart sc.
gr. qu. fol. Grauer Druck.

E. Jeaurat.

516. Le gouté. J. Balechou sc. fol.

J. A. D. Ingres.

517. Unbekleidete Orientalin. Sudré lithogr. qu. fol.

J. Jouvenet.

518. Die Kreuzabnahme. „Dolor meus super dolorem etc."
Al. Loir sc. fol. Vorzüglicher Abdruck.
519. Die Vermählung der Maria. „Nuptiae spirituales etc."
M. Dossier sc. gr. fol. Aufgezogen. Im Rand etwas beschädigt.
520. Petri glücklicher Fischzug. Jean Audran sc. qu. roy.
fol. Braun.
521. Das Gebet des St. Bruno. L. Desplaces sc. fol.
Hauptblatt.

A. Lafosse.

522. Congrès de Paris. Nach Photogr. Lithogr. Chin.
Papier. gr. qu. fol.

N. Lancret.

523. 2 Bl. Scene aus „Le Glorieux" und „Le Philosophe
marié". N. Dupuis sc. qu. fol.

G. Liotard.

524. Das Chocoladenmädchen. Dresdener Gallerie. G. Werner sc. Punktirt. fol.

Claude Lorrain.

525. Jacob and Laban. Nach dem Original bei Earl of
Egremont. W. Woollett sc. qu. roy. fol. Neuer
Abdruck.

Ph. J. Loutherbourg.

526. Le Repos du Berger. P. Laurent sc. qu. fol. Bis
zum Plattenrand beschnitten.

P. Mignard.

527. Mariä Besuch bei Elisabeth. J. L. Roullet sc. gr. fol. Guter Abdruck, aber mit 2. Adresse von Drevet. Brüchig.
528. Die Pest der Philister. G. Audran sc. qu. roy. fol. Guter 2. Abdruck.
529. La Vierge à la Grappe. L. Kramp lithogr. fol. Chinesisch Papier.

J. M. Moreau le jeune.

530. Les dernieres Paroles de J. J. Rousseau. H. Guttenberg sc. qu. fol.

J. R. Oudry.

531. Phylax. E. du Menil sc. qu. fol.

A. Pesne.

532. Die Taubenverkäuferin. Dresdener Gallerie. C. G. Rasp sc. fol.

N. Poussin.

533. Moyse sauvé des Eaux. Heroische Landschaft. Filhol, Niquet und Desnoyers sc. gr. qu. fol. Faltig.
534. Der bethlehemitische Kindermord. P. Bettelini sc. gr. qu. fol. Vor der Schrift.
535. Der todte Christus und die Seinigen bei dem Grabe. J. Pesne sc. qu. fol. R.-D. 18. Guter IV. Abdruck mit der Adresse von Malbouré.
536. Heilige Familie auf der Treppe. Cl. Stella sc. qu. fol.
537. Fête de Bacchus. J. H. Lips sc. fol. Ohne Plattenrand.
538. Das Begräbniss des Genius. c. Agricola sc. Radirt. qu. fol. Vor der Schrift.
539. A grecian Votary. Heroische Landschaft. W. Pether sc. Schwarzkunst. gr. qu. fol.

J. Restout.

540. 2 Bl. St. Benoist in Entzückung, und Ste. Scolastique. J. Audran sc. fol. Vorzügliche Abdrücke.

H. Rigaud.

541. S. Bernard, Banquier. Ganze Figur. P. Drevet sc. gr. fol. Bis zum Stichrand beschnitten und die Schrift ganz fehlend.

Leopold Robert.

542. Schlafender Räuber. Ed. Eichens sc. Das Bild im städtischen Museum zu Leipzig. Preussisches Kunst-Vereins-Blatt. 1850. fol.

543. Procidanerinnen. A. Teichel sc. Preuss. Kunst-Vereins-Blatt. fol.

544. Les Apprêts de Fête. Geschmückte Italienerinnen. E. Jazet sc. Mezzotinto. Strassburger Kunst-Vereins-Blatt. gr. fol.

A. Scheffer.

545. Bauerfrau mit 2 Kindern. P. Girard sc. Schwarz-kunst. 4.

546. Faust apercevant Marguérite. Alph. Caron sc. roy. fol.

Louis de Sylvestre.

547. Daphne von Apollo verfolgt. N. Chasteau sc. gr. qu. fol.

E. Le Sueur.

548. Fortuna in Wolken mit Schätze ausstreuenden Genien. Galg. Cipriani sc. qu. fol.

J. B. de Troy.

549. La Peste dans la Ville de Marseille 1720. S. Thomassin sc. qu. roy. fol. Brüchig.

Ch. Vanloo.

550. 2 Bl. La tragédie, und La comédie. M. Salvador sc. qu. fol.

551. 2 Bl. Conversation espagnole, und Lecture espagnole. J. Beauvarlet sc. fol. Alte gute Abdrücke mit der Adresse des Stechers. Eins etwas gebräunt.

Horace Vernet.

552. Prise de la Redoute Kabrunn. (Siège de Dantzick 1813.) J. B. Jazet sc. Aquatinta. gr. qu. fol. Beschnitten.

553. Le Christ au Roseau. G. Maile sc. Mezzotinto. fol.

554. Voyage au Desert. J. Rollet sc. Mezzotinto. qu. roy. fol.

555. Abraham renvoie Agar. J. B. Jazet sc. Aquatinta. roy. fol. Vorzüglicher Abdruck.

A. Watteau.

556. Heilige Familie. J. R. du Bos sc. fol.

557. 2 Bl. La Marmotte, und La Fileuse. B. Audran sc. fol.
558. 2 Bl. La Polonaise, und La Sultane. F. Aubert
    und B. Audran sc. fol.
559. 2 Bl. Le Rendez-vous, und Le Tête à Tête. B. Au-
    dran sc. 4.
560. 2 Bl. La Villageoise und Le Docteur. Idem und
    Aveline sc. kl. fol.
561. L'Amour au Théatre italien. C. N. Cochin sc. gr.
    qu. fol.
562. Retour de Chasse. Damenportrait. B. Audran sc. fol.

Englische Schule.

R. Bacon.

563. William Pitt's Denkmal in Westminster. V. Green sc.
    Schwarzkunst. roy. fol.

G. Garrard.

564. View from the East End of the Brewery, Chiswellstreet.
    (Pferdestück). W. Ward sc. Schwarzkunst. qu. fol.

W. Hogarth.

565. Der Hahnenkampf. qu. fol.
566. 4 Bl. Die vier Tageszeiten. A. Baron sc. gr. fol.
    Ueber den Plattenrand beschnitten, aufgezogen und
    stellenweise beschädigt.

James Jeffreys.

567. Seeschlacht vor Gibraltar. J. Emes sc. gr. qu. fol.

W. Kidd.

568. The Courier. Zwei Jungen auf einem galoppirenden
    Esel. Wm. Carlos sc. Schwarzkunst. fol.

G. Lambert.

569. Idyllische Landschaft, im Vordergrund ein Mädchen
    und ein Bauer, der sich die Füsse wäscht. W. Wil-
    son sc. qu. fol.

Edwin Landseer.

570. 2 Bl. High Life und Low Life. R. J. Lane lithogr.
    Chines. Papier. fol.
571. The Cat's Paw. Ein Affe mit einer Katze Kastanien
    vom Ofen holend. Ch. G. Lewis sc. Mezzotinto.
    roy. fol. Im breiten Papierrand eingerissen.

572. Jack in Office. Hunde um einen Karren. G. Metze-
roth sc. Stahlstich. qu. fol. Brüchig und ohne
Plattenrand.

W. Millar.

573. A Lady at Confession. Rob. Laurie sc. Schwarzkunst.
fol. Etwas gerieben.

G. Moreland.

574. 2 Bl. Youth diverting Age, und Childish Amusement.
J. Grozer und W. Dickinson sc. Schwarzkunst.
Braun gedruckt. Fol.

575. The kite entangled. Junge Männer mit einen Papier-
drachen. W. Ward sc. Schwarzkunst. fol.

S. Joshua Reynolds.

576. The Girl and Kitten. F. Bartolozzi sc. Braun
punktirt. 4. Ohne Plattenrand.

J. Singleton.

577. Sheltered peasants. A. Cardon und W. O. Geller
sc. Punktirt. fol.

Geo. Smith.

578. The Apple Gatherers. W. Woollett sc. gr. qu. fol.

E. J. Stothard.

579. Captain Rich. Pierce mit seiner Familie in der Kajüte
des scheiternden Schiffes „Halsewell". E. Scott sc.
Braun punktirt. qu. fol.

G. Stubbs.

580. The Lion and Stag. G. Stubbs jun. sc. Schwarzkunst.
gr. qu. fol.

581. Ein Schimmel von einem Löwen angefallen. Idem sc.
Schwarzkunst. gr. qu. fol. Vor der Schrift.

F. Taylor.

582. My Highland Home. A. M. Huffam sc. Mezzotinto. fol.

B. West.

583. The Death of General Wolfe. T. Falckeysen sc.
gr. qu. fol. Vorzüglicher Abdruck, aber bis zum
Plattenrand beschnitten und aufgezogen.

584. Paulus schleudert die Schlange ins Feuer. Reiche
Composition. F. Bartolozzi sc. Brauner Druck.
gr. fol.

585. Cupido von einer Biene gestochen. V. Green sc. Schwarzkunst. Rund. fol. Vorzüglicher Abdruck mit Nadelschrift.

R. Westall.

586. 2 Bl. Gleaners, und Hop-Pickers. W. Ward sc. Schwarzkunst. Braun gedruckt. qu. fol.

587. 2 Bl. The schelter'd Lamb und Kinder mit einem Esel und Hund. T. Gaugain sc. Ebenso. qu. fol. Bei Letzterem die Unterschrift abgeschnitten.

F. Wheatley.

588. 2 Bl. Spielende Kinder. F. Bartolozzi sc. Oval. qu. 4. Beschnitten.

Dav. Wilkie.

589. Distraining for Rent. (Die Auspfändung der Pächterfamilie.) Abr. Raimbach sc. gr. qu. fol. Ein Hauptblatt in gutem Abdruck.

590. The Rent Day. J. B. Jazet sc. Aquatinta. qu. fol. Der Schriftrand abgeschnitten.

R. Wilson.

591. Celadon und Amelia. W. Woollett sc. qu. fol. Schöner Abdruck mit der Adresse Green-Street. Bis zum Plattenrand beschnitten und aufgezogen.

Jos. Wright.

592. A Philosopher showing an Experiment on the Air Pump. Nachtstück. Val. Green sc. Schwarzkunst. gr. qu. fol.

593. An Iron Forge. Nachtstück. R. Earlom sc. Schwarzkunst. gr. qu. fol.

594. Miraman findet eine Inschrift im Grabe seiner Vorfahren. V. Green sc.. gr. fol. Vorzüglicher Abdruck vor der Schrift.

Rich. Wright.

595. The Fishery. Seestück. W. Woollett sc. gr. qu. fol. Matter Druck. Bis zum Stichrand beschnitten.

J. Zoffani.

596. Mr. Garrick in the Farmers Return. J. G. Haid sc. Schwarzkunst. qu. fol. Grau.

II. Abtheilung.

Portraits.

***

A. Englische Portraits.

M. Chamberlin.

597. The Rev^d. Sam. Chandler. W. Pether sc. Schwarzkunst. fol.

Maria Cosway.

598. Mrs. Cosway. V. Green sc. Schwarzkunst. fol.
Bis zum Stichrand beschnitten und aufgezogen.

F. Cotes.

599. Mrs. York. Kniestück. Val. Green sc. Schwarzkunst.
fol. Vorzüglicher Abdruck vor der Schrift.

Dougl. Cowper.

600. Kate Kearney. J. Porter sc. Mezzotinto. fol.

P. Falconet.

601. Mrs. Green and Child. Val. Green sc. Schwarzkunst. fol. Vor der Schrift. Braun.

J. Hopner.

602. Sophia Western. J. R. Smith sc. Schwarzkunst. fol.

Th. Hudson.

603. Earl of Erskine. J. Mac Ardell sc. Schwarzkunst.
fol. Schöner Abdruck vor der Schrift.

Th. Lawrence.

604. Delizie materne. Mutter mit einem kleinen Kinde auf
dem Arm. Brustbild. Gius. Longhi sc. 4. Bis
nahe dem Stichrand beschnitten.

W. Peters.

605. 3 Bl. A Parmesan Lady, A Cremonese Lady und A
Venetian Lady in the Sindall Dress. J. R. Smith sc.
Schwarzkunst. kl. fol.

Allan Ramsey.

606. George III. King of Great-Britain. In ganzer Figur.
W. Wynne Ryland sc. gr. fol. Etwas fleckig,
mit wenig Rand.

C. Read.

607. La Duchesse d'Hamilton. R. Lowry sc. Schwarzkunst. fol. Alter guter Abdruck, wie die Folgenden.

J. Reynolds.

608. Brustbild einer Dame mit Muff, von vorn. J. Mac Ardell sc. Schwarzkunst. fol.
609. Junges Mädchen (Miss Crew) bei einem Grabstein, neben ihr ein Genius. J. Mac Ardell sc. Schwarzkunst. fol. Etwas fleckig.
610. Hope nursing love. (Mm. Palmer.) E. Fisher sc. Schwarzkunst. gr. fol.
611. Zwei junge Mädchen mit einem Blumenkorbe. (Miss Crews.) J. Dixon sc. Schwarzkunst. gr. fol.
612. Junge Mutter mit ihrem Kinde. (Mrs. Bowerie). J. Watson sc. Schwarzkunst. gr. qu. fol.
613. Mutter mit ihrem Kinde. (Lady Scarsdale). J. Watson sc. Schwarzkunst. fol. Mit Nadelschrift.
614. Frances Countess of Essex. J. Mac Ardell sc. Schwarzkunst.- fol.
615. Portrait des Rt. Drummond, Bischof v. Sarum. J. Watson sc. Schwarzkunst. fol. Vorzüglicher Abdruck vor der Schrift.
616. Junge Dame, sitzend, mit Blumen auf dem Schoos. J. Spilsbury sc. Schwarzkunst. fol.
617. Junge Frau (Mrs. Cath. Bunbury) sitzend mit aufgestütztem Arm. J. Watson sc. Schwarzkunst. fol. Vorzüglicher Abdruck mit Nadelschrift.

B. West.

618. The honourable Robert Monckton. Major-General. J. Watson sc. Schwarzkunst. gr. fol.

R. Westall.

619. Königin Victoria, als Kind im Parke. Edw. Finden sc. fol. Etwas fleckig.

J. A. Wright.

620. Victoria, Königin von England. Stahlstich. Rund 4.

B. Vermischte Portraits.

F. Bol.

621. A Lady reading. R. Earlom sc. Schwarzkunst. fol. Faltig und gerieben.

A. L. Boonen.

622. Gerbrand van Leeuwen, Prof. in Amsterdam. G.
Edelinck sc. fol. Rob.-Dum. 239. Schöner 1.
Abdruck vor der Schrift.

A. Bouys.

623. Gregorius de la Forge. G. Edelinck sc. fol. Rob.-
Dum. 232. 2. Abdruck.

D. Chodowiecki.

624. Portrait Friedrichs des Grossen mit Facsimile. E.
Mandel sc. Federzeichnungsmanier. 4.

Ant. Correggio.

625. Der sogenannte Arzt des Correggio. P. Tanje sc.
Aus der Dresdener Gallerie. fol.

Lucas Cranach.

626. 2 Bl. Luther's Aeltern, nach den Originalen auf der
Wartburg. A. Müller sc. fol. Chin. Papier.

H. Decaisne.

627. Mme. Malibran. Kniestück. Ch. Turner sc. Schwarzkunst. fol.

A. v. Dyck.

628. Gustav Adolph. P. Pontius sc. fol. Guter Abdruck, mit zugelegter Adresse.
629. Henry Danvers, Earl of Danby, in ganzer Figur. V.
Green sc. Schwarzkunst. gr. fol. Der Rand gebräunt.

B. Fendi.

630. Familienvereinigung des österreichischen Kaiserhauses.
J. Passini sc. gr. qu. fol.

C. Frisch.

631. Moses Mendelssohn. J. G. Müller sc. fol.

A. Graff.

632. Q. G. Schacher. J. F. Bause sc. fol. Keil 222.
633. G. Winkler d. A. Idem sc. fol. K. 225.
634. C. Richter, Kunstsammler. Idem sc. fol. K. 229.
Schöner Abdruck vor den Künstlernamen.
635. J. Th. Richter. Idem sc. fol. K. 231. Etwas
fleckig.
636. J. G. Quandt. Idem sc. fol. K. 236.

637. E. P. Otto, Kunstsammler. Idem sc. fol. K. 240. Beschädigt.

638. C. F. Hommel. Idem sc. fol. K. 211.

639. Salomon Gessner. S. G. Eichler sc. fol.

640. G. E. Lessing. C. L. Sichling sc. 4.

G. C. Grooth.

641. Graf Hermann v. Lustocq, russischer Leibarzt. Halbfigur. J. Stenglin sc. Schwarzkunst. gr. fol. Sehr selten.

C. Hermann.

642. Papst Pius VII. Sam. Amsler sc. fol.

Hans Holbein.

643. 9 Bl. Verschiedene Bildnisse, nach den Originalen auf der Stadtbibliothek in Basel. C. v. Mechel und B. Hübner sc. fol.

644. Bildniss des Thomas Morett. J. Folkema sc. Dresdener Gallerie. fol.

Ang. Kauffmann.

645a. Samuel Frisching von Bern. B. Audran sc. fol.

645b. Woman and Child. R. Lowrie sc. Schwarzkunst. fol. Fleckig.

A. Maron.

646. J. J. Winckelmann. L. Sichling sc. 4.

M. Mierevelt.

647. Gustav Adolph, König von Schweden. W. Delff sc. fol.

M. de Mytens.

648. Josephus de France. Medaillon mit Beiwerken. J. G. Haid sc. Schwarzkunst. fol.

R. Nanteuil.

649. Mr. George de Scudéry. fol. Rob.-Dum. 221. Erster seltner Abdruck. Aufgezogen.

A. Pesne.

650. Christian August, Fürst von Anhalt. G. F. Schmidt sc. gr. fol. Jacobi 66. Vorzüglicher Abdruck.

J. Th. Prestel.

651. 2 Bl. Bildhauer und Kopf eines Geistlichen. B. Cavaceppi. Punktirt. 4. 8.

Raphael.

652. Papst Urbanus I. F. Ruscheweyh sc. fol. Auf braunem Papier.

J. Raoux.

653. Jean Soanen, Evêque de Sencz. N. Chereau sc. gr. fol. Vorzüglicher Abdruck. Mit einem Fleck.

Rembrandt.

654. Ein junger Mann, einen Dolch in der Scheide haltend. Halbfigur. J. G. Haid sc. Schwarzkunst. gr. fol.
655. Bildniss eines vornehmen alten Mannes. P. Tanjé sc. Dresdner Gallerie. fol.
656. Halbfigur eines jungen Mannes, einen Vorhang zurück-schlagend. W. Pether sc. Schwarzkunst. gr. fol. Vorzüglicher Abdruck.

P. P. Rubens.

657. Bildniss einer jungen Frau mit schwarzem Schleier über dem Kopf. Fr. Zucchi sc. Dresdner Gallerie. fol.
658. Dasselbe.
659. Dasselbe.
660. Dasselbe.
661. Dasselbe.
662. Bildniss eines alten Mannes mit weissem Haar und Bart in bischöflicher Kleidung. Idem sc. Ebendaher. Der Kopf etwas fleckig, wie die Folgenden.
663. Dasselbe.
664. Dasselbe.
665. Dasselbe.
666. Dasselbe.

J. Schrader.

667. Friedrich der Grosse nach der Schlacht von Collin. E. Kretzschmar sc. Holzschnitt. Chinesisches Pa-pier. 4.

R. Reiniek.

668. Adelbert von Chamisso. C. Barth sc. 8.

G. Schlick.

669. Karl Heinrich Ludwig Pölitz, mit Facsimile. Lith. fol.

A. Schieferdecker.

670. Geh. Med.-Rath Dr. Wendler. Lith. Chinesisches Papier. gr. fol.

L. Sebbers.

671. Goethe. L. Sichling sc. 4.

F. Tischbein.

672. La tendre Mère. (Die Gattin des Stechers.) J. G. Müller sc. fol. Bis zum Plattenrand beschnitten.

P. Tocqué.

673. A F. Poisson Ms. de Marigny. J. G. Wille sc. fol. Le Blanc 125.

P. Veronese.

674. Bildniss des Daniel Barbaro, Patriarch von Aquileja. J. Houbraken sc. Dresdner Gallerie. fol.
675. Dasselbe.

Franc. Vieira.

676. Adeodatus Turchi, Episc. Raph. Morghen sc. fol. Vorzüglicher Abdruck.

C. Visscher.

677. Petrus Scriverius. Halbfigur. J. Houbraken sc. 4. Vorzüglicher Abdruck.

W. Wissing.

678. Carl V., Herzog von Lothringen und Bar. J. Gole sc.
[☞] Schwarzkunst. fol.

Von Diversen.

679. 3 Bl. Portraits. Meist Schwarzkunst. fol.

— —

C. Künstler-Portraits.

L. Buchhorn.

680. Johann Gottfried Schadow, in ganzer Figur. J. Heine lith. fol.

Jacobus de Backer.

681. Bildniss des Meisters. A. Bartsch sc. Radirt. 4.

Baccio Bandinelli.

682. Bildniss des Meisters. Kniestück. N. de la Casa sc. fol. Aus Mariette's Sammlung.

J. F. Barbieri, Guercino.

683. Bildniss des Malers. Alb. Clouet sc. 4.

Abraham Bloemaert.
684. Bildniss des Malers, in Halbfigur. G. Edelinck sc. fol. Rob.-Dum. 154. 3. Abdruck.

Ferd. Bol.
685. Bildniss des Malers. A. Bartsch sc. Radirt. 4.

Peter Breughel d. Ae.
686. Bildniss des Malers, achteckig, zu Odieuvre's Sammlung. 4.
687. Bildniss des Malers, in reicher Umgebung. B. Sprangers del. und E. Sadeler sc. fol. Ohne Plattenrand.
688. Dasselbe.

Michel Angelo Buonarroti.
689. Brustbild des Meisters, act. 72 „Quantum in natura ars etc." Medaillon in Ornament. J. Bonasone sc. 4. B. 346. Verschnitten.
690. Derselbe mit einem Cirkel in der Hand. Von einem unbekannten Stecher. 8. Beschädigt.

Jac. Callot.
691. Portrait des Malers. B. Custodis sc. 4. Beschnitten und aufgezogen.

Ant. Allegri, Correggio.
692. Bildniss des Malers. J. Fischer sc. 4. Mit Einfällen.

A. Coyzevox.
693. Gerard Audran, Graveur. N. Dupuis sc. Medaillon. 8. Zu Odieuvre.
694. Dasselbe.

A. Coypel.
695. Bildniss des Malers, in ganzer Figur, an der Staffelei sitzend mit seinem Kinde. G. Duchange sc. fol. Bis zum Plattenrand beschnitten.

Abraham a Diepenbeke.
696. Brustbild des Malers. P. Pontius sc. 4.

C. W. E. Dietrich.
697. Des Malers Portrait, zeichnend am Fenster. J. Schmutzer sc. fol. Unten bis zum Plattenrand beschnitten.

G. Dow.
698. Bildniss des Malers bei seinem Zeichenbuch, rauchend. A. Schouman sc. Schwarzkunst. fol.

Albrecht Dürer.

699. Dürer's Bildniss im Profil mit kurzem Haar. P. a
Merica sc. 4. Vor der Adresse von H. Cock.

A. v. Dyck.

700. Petrus Paulus Rubens. J. de Visscher sc. fol.
Mit der Adresse von de Wit.
701. Bildn. d. Malers Palamedes Palamedessen. P. Pontius sc.
fol. Aus der Ikonographie. Späterer Abdruck ohne Adresse.
702. Dasselbe. Etwas fleckig.
703. Bildniss Joannes Wildens. Idem sc. 4. Ohne
Plattenrand.
704. Bildniss Gerhard Segers. Idem sc. 4. Ebenso.
705. Gerard Honthorst, Gürtelbild. Idem sc. 4. Ebenso.
706. Wenceslaus Coeberger. L. Vorsterman sc. 4.
Ebenso.
707. Petrus Snayers. A. Stock sc. 4. Ebenso. Aufgezogen.
708. Lucas van Uden. L. Vorsterman sc. 4. Ebenso.
709. Bildniss Rykaert's genannt der Siebenbürger. Fr. Hanfstängl lith. Dresdener Gallerie. fol. Beschnitten,
der Schriftrand fehlend.

G. Eichler.

710. Aegidius Verhelst, Bildhauer. J. Jac. Haid sc.
Schwarzkunst. fol.

Le Febure.

711. François Chauveau, Kupferstecher. L. Cossin sc. fol.

Franz Floris.

712. Portrait aus Sandrart's Akademie. 8.

C. Hutin.

713. Des Malers Portrait. C. F. Boetius sc. Kreide-
manier in 2 Platten, auf blauem Papier. 4.

Theodor de Keyser.

714. Hendrik de Keyser, Bildhauer. Brustbild in Oval.
F. Suyderhoef sc. fol. Wussin 46. Schöner
und seltener Abdruck mit der angefügten
Platte mit Vondel's Versen.

G. Koch.

715. Portrait von Friedrich Overbeck. Fr. Overbeck lith.
fol. Chines. Papier.

Joh. Kupetzky.

716. Bildniss des Malers mit der Pallette an einem Fenster mit Vorhang. J. J. Haid sc. Schwarzkunst. fol.

717. Des Künstlers eignes Portrait. J. Elias Haid sc. Schwarzkunst. fol.

J. Lanfranco.

718. Portrait des Malers. Randon sc. Odieuvre exc. 4.

X. de Largillière.

719. Charles le Brun, in Medaillon mit Umgebung. G. Edelinck sc. gr. fol. Rob.-Dum. 238. Vorzüglicher Abdruck, aber gebrochen und fleckig.

M. Lasne.

720. Jacob Callot, aet. 36. Medaillon mit Beiwerk. 4. Ohne Plattenrand und etwas gerieben.

Ottavio Leoni.

721. Eignes Portrait. Punktirt. 4. B. 9.

Lucas v. Leyden.

722. Portrait des Malers. Ohne Namen des Stechers. 4. Zu Odieuvre's Sammlung.

J. Livens.

723. Bildniss des Joh. Livens. A. Bartsch sc. Radirt. 4.

Carlo Maratti.

724. Bildniss des Malers. Jo. Ja. Frey sc. fol.

Claude Mellan.

725. Portrait des Meisters. 1635. fol. Montaiglon 1. 1. Abdruck von der unverkleinerten Platte. Mit einem kleinen Flecke.

Ant. Raph. Mengs.

726. Des Malers Portrait. Dom. Cunego sc. fol.

J. Merz.

727. Anton Canova. In Oval. fol.

728. Portrait des Künstlers. H. Lips sc. Medaillon. 8.

N. Mignard.

729. Portrait des Malers Dupuis. A. Masson sc. fol. Rob.-Dum. 25. Alter Abdruck. Der Rand unterlegt.

Raphael Morghen.

730. Portrait des Künstlers. A. Schiavonetti sc. fol.

Augusto Nicodemo.

731. Philipp Hackert. Ernst Morace sc. fol.

A. Pesne.

732a. Der Maler L. Silvestre. L. Zucchi sc. fol. Auf
beiden Seiten bedruckt.

732b. J. M. Dinglinger, Juwelier. Copie nach G. F. Schmidt's
Radirung von J. J. Wagner. 8.

W. Pether.

733. The three Smith's, Brothers and Painters. Halbe
Figuren um die Staffelei gruppirt. Schwarzkunst.
gr. fol.

Nic. Poussin.

734. Bildniss des Malers. N. Dupuis sc. 8.

J. Rahn.

735. Ludwig van Beethoven. Oval. 8. Etwas fleckig.

Rembrandt.

736. Prince Rupert. V. Green sc. Schwarzkunst. gr. fol.
Vorzüglicher Abdruck. Faltig.

J. Reynolds.

737. Angelika Kauffmann. E. Morace sc. fol.

738. Fr. Bartolozzi, Gürtelbild. Rob. Marcuard sc.
Punktirt. fol.

739. James Paine, Architect, and James Paine jun. Halbfiguren. J. Watson sc. Schwarzkunst. fol. Beschnitten und aufgezogen.

J. E. Ridinger.

740. Portrait des Malers bei der Lampe. J. J. Ridinger sc. Schwarzkunst. fol.

H. Rigaud.

741. Pierre Mignard, Kniestück, sitzend. G. F. Schmidt
sc. gr. fol. Jacobi 59. Alter 2. Abdruck.

Giov. Fr. Rigaud.

742. A. Carlini, F. Bartolozzi und G. F. Cipriani, in Halbfiguren. J. R. Smith sc. Schwarzkunst. gr. qu. fol.

A. Roslin.

743. François Boucher, Maler. M. S. Carmona sc. fol.

744. Dasselbe.

D. Ryckaert.

745. Des Künstlers Portrait, Brustbild. F. Bouttats sc.
4. Beschnitten und aufgezogen.

Egidius Sadeler.

746. Portrait Sadeler's mit Kupferplatte und Grabstichel. G.
Edelinck sc. fol. Rob.-Dum. 305. Guter 3. Abdruck.

Pierre le Sueur.

747. Bildniss des Malers Carle Vanloo, sitzend. J. Klauber sc. fol.

Lampertus Lombardus.

748. Des Künstlers Portrait. Ohne Stechernamen. Rund. 8.

Gerard Terburg.

749. Bildniss des Malers. A. Bartsch sc. Radirt. 4.

Q. de la Tour.

750. Bildniss des Malers, genannt der grosse de la Tour.
J. G. Schmidt sc. gr. fol. Jacobi 50. Sehr
schöner Abdruck.
751. Dasselbe. Nur der Kopf. F. Kaucke sc. 8.

S. Thon.

752. 3 Bl. Des Künstlers Portrait. Originalradirung in
1. und 2. Aetzdruck und vollendet. 4.

Tizian.

753. Des Malers eignes Portrait. Schöninger et Freymann sc. Galvanographie. 4.

Horace Vernet.

754. Der Maler an der Staffelei. Lithographie ohne Namen
des Künstlers. Tondruck. 4.

Leonardo da Vinci.

755. Portrait des Malers. Ch. Townley sc. Schwarzkunst. fol.

Simon Vouet.

756. Brustbild des Malers mit Umgebung. F. Perrier sc.
Radirt. fol. Rob.-Dum. 12.

F. Wouters.

757. Portrait des Malers. P. de Jode sc. 4.

D. Zampieri gen. **Dominichino.**

758. Portrait des Malers, Brustbild. P. G. Langlois sc.
fol. Ohne Plattenrand.

III. Abtheilung.

Originalarbeiten

von Malern und Zeichnern, meist Radirungen.

Deutsche Schule.

C. Agricola.

759. Diana entdeckt die Schwangerschaft der Kalisto. D.
Dominichino p. qu. fol. Vorzüglicher Abdruck.

760. Ein Engel beim Leichnam Christi. H. Carracci p. 4.

H. Aldegrever.

761. Christus am Kreuz. 8. B. 49. Schöner Abdruck.

762. Die stehende Madonna. 8. B. 50. Guter Abdruck, aber etwas fleckig.

763. Titus Manlius. 8. B. 72. Leidlicher Abdruck.

764. Marcus. Aus der Folge der Planeten. 8. B. 77.
Schöner Abdruck.

765. Der Geiz. Aus der Folge der Tugenden und Laster.
8. B. 129. Beschnitten und aufgezogen.

A. Altdorfer.

766. Christus und die Jungfrau. 8. B. 9. Verschnitten
und fleckig.

767. Herkules zerreisst den Löwen. 8. B. 26.

J. H. Apel.

768. 4 Bl. Landschaften mit Pferden und Staffage. qu. 8.

A. Bartsch.

769a. Die Ruhe der heiligen Familie. G. van den Eckhout del. qu. fol.

769b. Ruhender Knabe bei Bäumen. qu. 8. Chines. Papier.

769c. Dasselbe auf braunem Papier und weiss gehöht.

J. F. Bause.

770. Der Mann mit der Perle. C. W. E. Dietrich del.
Radirt und Aquatinta. 4. Keil 29.

771. Lucinde. P. Falconet p. Schwarzkunst. fol. K. 31.

J. Becker.

772. Abend im Westerwald. Aus Buddeus' Album. 4.
Chines. Papier.

H. S. Beham.

773. Adam und Eva mit dem Tode. 8. B. 6. Guter 3.
Abdruck. aber aufgezogen und an den Ecken ergänzt.

774. Dasselbe. Matter Druck.

775. Adam und Eva aus dem Paradies getrieben. 8. B. 7.
Matter Druck.

776. Hiob und seine Freunde. qu. 8. B. 16. Schöner
1. Abdruck. Mit zwei kleinen Beschädigungen und
aufgezogen.

777. 2 Bl. Christus und die Samariterin, und Christus bei
dem Pharisäer. qu. 8. B. 24, 25. Matt.

778. 4 Bl. Das Gleichniss vom verlornen Sohn. qu. 8.
B. 31—34. Unreine Abdrücke und das erste Blatt
oben beschnitten.

779. Achill und Hektor. qu. 8. B. 68. Beschnitten, beschädigt und aufgezogen.

780. Cimon von seiner Tochter ernährt. 8. B. 75. Aufgezogen.

781. Cleopatra. 8. B. 77. Aufgezogen und fleckig.

782. Trajan. 8. B. 82. Matt.

783. Das Urtheil des Paris. 8. B. 89.

784. Dasselbe. Matt.

785. Leda mit dem Schwan. qu. 8. B. 112. Vorzüglicher Abdruck.

786. Die Jungfrau mit dem Tod als Narr. 8. B. 149.

787a. Der Tod bei der nackten Frau. 8. B. 150.

787b. 7 Bl. aus der Folge der Bauerntänze. qu. 8. B.
154—160. Meist sehr schöne Drucke, aber letzteres
etwas beschädigt und aufgezogen.

788. Der Fahnenträger und der Trommler. 8. B. 199.
Schöner Abdruck.

789. Ornament mit der Maske. qu. 8. B. 231. Unreiner
Abdruck.

790. Säulenkapitäl. 8 B. 249. Schöner Abdruck,
aber etwas beschädigt.

791. Die grosse Dorfkirmes. Copie nach dem Holzschnitt von J. Th. de Bry. qu. fol. B. 168.

J. F. Beich.

792. 5 Bl. aus der Folge der Landschaften in die Höhe. fol.

F. A. O. della Belle.

793a. Pferdekopf, mit Einfällen im Rande. 8.

F. Berthold.

793b. 6 Bl. Der Sonntag. qu. fol. Mit Text. Schöne Folge.

J. Binck.

794. Die Jungfrau von Engeln gekrönt, nach Dürer B. 39. 8. B. 18. Um 4 Linien verschnitten und aufgezogen.
795. Die Pirkheimer'sche Allegorie. 8. B. 30. Fleckig.
796. Dasselbe. Von guter Erhaltung.

Fr. Brand.

797. Das Viehthor zu Crems in Unterösterreich. fol.

F. Brun.

798. 14 Bl. Christus und die Apostel. 8. B. 1—14. Selten.
799. Die Melancholie (das Nachdenken). 8. B. 78.

Th. de Bry.

800. Der Hauptmann der Weisheit, aus der Folge der runden Schalen. 4. Rund beschnitten. Der äussere Schriftrand ganz fehlend.
801. 30 Bl. aus dem Stamm- und Wappenbuch. 8. Selten.

H. Bürkner.

802. 2 Bl. Die vier Stände und die Natur. H. Bendemann inv. 8.

G. Busse.

803. Gegend am Königssee bei Salzburg. qu. fol. Sächsisches Kunst-Vereins-Blatt. Vorzüglicher Abdruck auf Chines. Papier.
804. Dasselbe. Seltener Aetzdruck.
805. Dasselbe. Ebenso. Vom Künstler selbst übertuscht.
806. 2 Bl. Tyroler- und andere Landschaft. 4. Auf einem unzerschnittenen Bogen.
807. Mühle in Loschwitz. qu. 4.

808. Macbeth. J. A. Koch p. Chines. Papier. qu. fol.
809. Gewittersturm. F. Crola p. Sächs. Kunst-Vereins-Blatt. qu. fol. Vorzüglicher Abdruck auf Chines. Papier.
810. Bergige Landschaft mit Fluss. Idem p. qu. fol. Vor aller Schrift.
811a. Landschaft im Sabinergebirge. G. H. Brandes p. Hannöversches Kunst-Vereins-Blatt. qu. fol. Seltener Probedruck.
811b. 5 Bl. italienische u. andre architektonische Ansichten aus der Dresdener Bilderchronik, dabei zwei Originalzeichnungen in Bleistift. 4. qu. 8.
812. Bacchantin. Copie nach H. Goltzius. Oval. fol.

M. F. Chwatal gen. Guadal.

813. Knabe mit Gans und Hund. qu. fol. Selten.
814. Löwe und Löwin. qu. fol. Ebenso.

D. Chodowiecki.

815. Eine Gesellschaft von sechs Damen mit dem Künstler in seinem Zimmer. qu. 4. Engelmann 14. Matter Abdruck.
816. Die beiden sitzenden Damen am Baume. 8. E. 15. Ebenso.
817. 2 Bl. Die Bettelfrau mit den beiden Kindern. und das junge Mädchen vom Rücken gesehen. 8. E. 27, 33.
818. Drei Damen am Fenster. 8. E. 35.
819. Viehstück nach C. W. E. Dietrich. 4. E. 26.
820. Die beiden stehenden Damen. 8. E. 10.
821. 2 Bl. Die strickende Frau, und das lesende Kind. 8. E. 31, 36.
822. 2 Bl. Das ausländische Weib mit den drei Kindern, und die Frau mit den beiden Kindern. 8. E. 40, 41.
823. 2 Bl. Der Türke, und die drei Türken. 8. E. 42, 43.
824. Russen und Türken. 4. E. 44.
825. 4 Bl. Die Caravane, die Einwanderung der Franzosen zur Errichtung der Regie, Carricaturen I., Carricaturen II. qu. 8. E. 50, 78, 136, 137.
826. Die Einwanderung der Franzosen zur Errichtung der Regie. qu. 8. E. 78. Vor dem Namen.
827. Das Scharmützel. qu. 8. E. 79.
828. Zwei Studien von Reitern auf einer Platte. qu. 4. E. 81.

829. 2 Bl. Studien von Figuren, und drei polnische Figuren.
qu. 8. E. 80, 138.
830. 12. Bl. Der Fortgang der Tugend und des Lasters.
8. E. 188. Beschnitten.
831. Titel und Portrait zu Voss Musenalmanach für
1778. 8. E. 197. Beschnitten.
832. Die drei Grazien. 8. E. 199.
833. Titelvignette, Elise schlafend neben ihrem Himmelbette.
qu. 8. E. 336.
834. 2 Bl. Titel und Portrait zum Lauenburger ge-
nealogischen Kalender für 1780, und Portrait von
Moses Wessely. 8. E. 338, 880. Letzteres Abdruck 2b.
835. Titelkupfer zu Scarrons komischem Roman. 8. E. 435.
Fleckig.
836. Ziethen sitzend vor seinem König. gr. qu. fol. E. 565.
Vorzüglicher Abdruck.
837. Verbesserung der Sitten. qu. fol. E. 572.
838. Kupfer zu „Der Triumph der Empfindsamkeit." 8.
E. 579.
839. Titelvignette zu Vargas Novellen. Rund. 8. E. 683.
840a. Titelkupfer zu Wiesiger's Gedichten. 8. E. 697.
Seltener Abdruck mit Einfällen.
840b. 12 Bl. Fragment einer Heirathsgeschichte. 8. E. 760.
Auf einem unzerschnittenen Bogen und mit
Einfällen.
841. Des Künstlers Reise nach Dresden im Juni 1789. qu.
fol. E. 793. Aufgezogen.
842. 30 physiognomische Köpfe. 4. E. 857. Seltener
Abdruck mit Einfällen.
843a. 2 Bl. aus Becker's Reise nach Paris. 8. E. 869, 870.
Mit Einfällen und auf einem unzerschnitte-
nen Bogen.
843b. 12 Bl. Das lesende Kind, E. 36, die Carvane, E. 50,
3. Abdruck. Mit Einfällen und 10 Bl. Einfälle zu
Nr. 836, 911, 918, 938, 945.
844. Zingg bei Lippert in Dresden. 4. E. 882. Mit Einfällen, E. B. I.
845. Titelkupfer zu Hoffmann's Flora Germanica. 8. E.
879. Seltener Abdruck mit Einfällen.

4*

J. C. Dahl.

846. 2 Bl. Landschaft mit Tannengehölz. 4. Nebst
Aetzdruck.

F. A. Darnstedt.

847. Landschaft mit Brücke. J. G. Wagner p. qu. fol.
Unvollendeter Probedruck.

J. C. Dietzsch.

848. Dorflandschaft aus der Folge. qu. 4.

G. v. Dillis.

849. Waldlandschaft mit Jäger. qu. 8.

C. W. E. Dietrich.

850. Die Anbetung der Hirten. qu. fol. Linck 10. 1. Abdruck.
851. Der Rattengiftverkäufer. 4. L. 70. Selten.
852. Der blinde Bettler. Holzschnitt. 4. L. 78.
853. Die beiden Bärenführer. 4. L. 84. Gegenseitige
Copie.
854. Zwei aufwärtsblickende Köpfe. kl. qu. 8. L. 113.
1. Abdruck.
855. Die Landschaft mit dem Ziehbrunnen. qu. 8. L. 129.
Vor der Nummer.
856. Die zum Thor herauskommende Heerde. qu. fol. L.
134. Seltener 2. Abdruck.
857. Der Hirte bei den Schäferinnen. qu. fol. L. 135.
Seltener 2. Abdruck.
858. Der Weg hinter dem Dorfe. qu. 8. L. 159. Schöner
2. Abdruck.
859. Der Weg am Breterzaune. qu. 8. L. 160. Schöner
2. Abdruck.
860. Die Einsiedelei zwischen Felsen. qu. 8. L. 145. Mit
der Nummer.
861. Dasselbe. Späterer Abdruck.

A. Dürer.

862. Die Geburt Christi. 8. B. 2. Oben mit einem kleinen Riss.
863. Die säugende Maria. 8. B. 34. Copie I. von II.
Wierex. 3. Abdruck mit Visscher's Adresse.
864. Die säugende Maria. 1512. 8, B. 36. Sehr
schöner Abdruck.
865. Maria von zwei Engeln gekrönt. 4. B. 39. Matt.

866. Maria mit dem Affen. 4. B. 42. Sehr schöner Abdruck. Knapp beschnitten.
867. Die vier nackten Weiber. 4. B. 75. Schöner Abdruck. Links etwas verschnitten.
868. Der Bauer und seine Frau. 8. B. 83. Etwas beschädigt.
869. Der wollüstige Alte mit der Frau. 8. B. 92. Selten.
870. Erasmus von Rotterdam. fol. B. 107. Guter Abdruck. Knapp beschnitten, aufgezogen und etwas beschädigt.
871. W. Pirkheimer. 8. B. 106. Copie.
872. Die heil. Anna mit dem Kinde. E. Sadeler sc. 8. Heller 2273. Neuer Abdruck.

E. Ebers.
873. Subordination. Aus Buddeus' Album. qu. fol. Chines. Papier.

M. Ellenrieder.
874. Der Vater der Künstlerin. 4.
875. Männlicher Kopf, nach Tizian. 4.

C. Echard.
876. Landschaft mit Ruinen aus der Folge. qu. fol.

J. C. Erhard.
877. 2 Bl. aus der Folge der Ansichten aus den Umgebungen des Schneebergs. qu. fol.
878. 4 Bl. kleine Landschaften aus der 2. Lieferung, bei Frauenholz Nr. 2, 3, 4, 6. qu. 8.
879. Russisches Militair. qu. fol.
880. 2 Bl. Landschaften und Figureneinfälle. Schmal qu. 8.
881. Albrecht Dürer's Haus in Nürnberg. J. A. Klein del. qu. fol.
882. Oesterreichisches Militair. Idem inv. Lithographirt. qu. fol.

E. Fechner.
883. Portrait des Professor Fechner in Leipzig. fol. Selten, wie die Folgenden.
884. Die Mutter des Künstlers. 4.
885. Weibliches Brustbild. 8.
886. Mädchenbrustbild. 4.
887. Italienische Maskenfiguren nach A. Watteau. fol.

F. Fleischmann.

888. 2 Bl. Geburtstags- und Neujahrsblatt. 8. u. qu. 8.

J. Führich.

890. Die Hochzeit zu Cana. Aus Buddeus' Album. qu. fol. Chines. Papier.

W. Gail.

891. Spanischer Mönch am Brunnen. Aus Buddeus' Album. fol. Chines. Papier.

C. D. Gebauer.

892. 16 Bl. Jagdhunde, nebst Titel. qu. 8.
893. 4 Bl. Kosakenscenen. qu. 8.

M. Gensler.

894. Ein Gelehrter des Mittelalters. fol. Chines. Papier.

J. Geissler.

895. Müssiges Schiffsvolk. Aus Buddeus' Album. fol. Chines. Papier.

W. Georgy.

896. 2 Bl. Landschaften. qu. 8. Selten.

C. Gessner.

897. 2 Bl. Pferdestücke. qu. 4.

S. Gessner.

898. 4 Bl. Landschaften aus der Folge. gr. 4.
899a. 12 Bl. Idyllische Landschaften. qu. 4.
899b. Landschaft mit Hirten und Brücke. F. Schumann s. qu. fol. Aetzdruck.
900. 4 Bl. Landschaften aus der Folge. qu. 8.

A. Glockenton.

901. Die Gefangennehmung Christi. Aus der Passion, wie die Folgenden. 4. B. 5.
902. Die Grablegung Christi. 4. B. 11.
903. Die Auferstehung Christi. 4. B. 13.

W. v. Goethe.

904. 2 Bl. Landschaften mit Wasserfällen von Gebüsch umschlossen. A. Thiele p. 4.
905. 6 Bl. Landschaften. W. v. Goethe del., C. Holdermann und C. Lieber sc. gr. 4. Geheftet.

S. Graenicher.

906. Vertraulichkeit. Eine Affenfamilie. Aquatinta. qu. 4.

A. Graff.

907. Portrait des Meisters. 4. Mit Einfällen.

U. Graf.

908. Eine der thörichten Jungfrauen. Nach M. Schön. B. 1.

L. E. Grimm.

909. 25 Bl. aus dem bekannten Werke des Meisters. fol.
    4. 8. und qu. 8. In Umschlag. Alte Abdrücke.
910. 27 Bl. Landschaften, Portraits etc. fol. 4. Sämmt-
    liche Blätter in einem Album.

G. Hardorff.

911. Die Verurtheiluug des Sohnes des Consul Manlius.
    F. H. Füger del. qu. fol. Seltener Abdruck
    mit Einfällen.

L. Haach.

912. Friedrich mit der gebissenen Wange auf der Flucht
    von der Wartburg. Aus Buddeus' Album. qu. fol.
    Chines. Papier.

C. L. v. Hagedorn.

913. Waldlandschaft mit Kirche im Hintergrunde. qu. 4.

F. Hegi.

914. 2 Bl. Schweizerische historische Scenen. Nach N.
    Koenig und L. Vogel. 8. qu. 8.
915. 2 Bl. dergleichen. Nach L. Vischer. 8.

H. Hess.

916. 3 Bl. Portraits. Raphael, Hans Holbein und Peter
    Vischer. 8.
917a. Frauen mit Kindern. qu. 8.

C. J. C. Hess.

917b. Die Gattin des Malers Flink. Rembrandt p. 4.
918. Rembrandt's Vater. Rembrandt p. 4.

D. Hess.

919. 20 Bl. Hollandia regenerata. Satyrische Darstellungen
    aus der Revolutiouszcit in Holland. Mit holländischem,
    französischem und englischem Text. Roth gedruckt. fol.

L. Hess.

920. Waldparthie mit der Aussicht auf einen See, im Vorder-

grund Jäger und Mädchen am Brunnen.   qu. fol
Aquatinta, wie die Folgenden.

921. Bergige Landschaft mit Hirte und Hirtin bei eine:
kleinen Heerde. qu. fol.

922. Eine felsige Landschaft mit Wasserfall, im Vorder
grunde ein Räuberüberfall. qu. fol.

923. Landschaft am Luganer See mit tanzenden Bauern
qu. fol.

924. Landhaus an einem See mit Wasserfall. qu. fol.

C. Heydeck.

925. Postillion mit Pferd und Hund. Chines. Papier. qu. 8

A. Hirschvogel.

926a. Die Kreuztragung Christi. 4. B. 3. Vorzügliche
Abdruck.

926b. Landschaft mit einer Brücke und Stadt am Flusse
qu. fol. B. 73. Fleckig und etwas beschädigt.

W. Hollar.

927. Seleucus und sein Sohn. Nach G. Romano. qu. fol
Parthey 527. Sehr schöner Abdruck.

928. Der Herbst. Weibliche Figur. 8. P. 612. Abge
schnitten.

929. Die Heerde am Wasser. P. Brill p. qu. fol. P. 122C

930. Dürer der Vater. Nach A. Dürer. fol. P. 1389
Schöner Abdruck, aber etwas eingetuscht.

931. Die Frau mii dem Eichenkranz. Nach M. Schön. 8
P. 1641. Später Abdruck.

932. Hollar's Frau, niederblickend. 8. P. 1716. Etwa
fleckig.

933. Fünf Muffe an Armen. qu. 8. P. 1952. Sehr schöne
Abdruck.

D. Hopfer.

934. Christus am Kreuz. fol. B. 12.

935. Der Kampf zwischen den drei Tritonen. Nach A
Mantegna. qu. fol. B. 47. Später Abdruck.

936. Der Fähndrich im Kampfe mit zwei Soldaten. qu. fol
B. 67. Ebenso.

937. Die drei Hexen. fol. B. 71.

J. Hopfer.

938. Eine Allegorie nach Raphael und Marc-Anton
qu. fol. B. 41. Später Abdruck.

J. Hübner.
939a. Der Vorhang des Theaters zu Dresden. qu. fol.
C. Hummel.
939b. Landschaft mit Wasser. qu. 4. **Frühester Abdruck. Selten.**
B. Jenichen.
940. Der Bote. Oben stehen die Verse: Schriftlich richt ich meine Sachen aus, wo man mich schickt in ein Haus, bin allenthalben wol bekannt etc. 8.
R. Jordan.
941. Das Lootsenexamen. Aus Buddeus' Album. qu. fol. Chines. Papier. Etwas fleckig.
A. Kauffmann.
942. Sitzende weibliche Figur. 1766. 4. **Alter Abdruck vor der Aquatinta.**
943. Die Vermählung der heil. Catharina. Nach A. Correggio. qu. 4. fol. Radirt und Aquatinta.
J. A. Klein.
944. Ein Knabe als Soldat gekleidet. 1811. 8.
945. 2 Bl. Viehstücke mit Ziegen und Schafen. 1811. Chines. Papier. qu. 8.
946. Fripon, sitzender Hund. 1813. qu. 8. Copie.
947. Bello, schlafender Hund. 1813. qu. 8.
948. Kuhkopf, nach links gewendet. 1814. 8.
949. Sächsisches-Fuhrwerk. 1815. qu. fol.
950. 2 Bl. Allegro. Kleines auf einem Tuch liegendes Hündchen. 1815. Nebst Copie.
951. 2 Bl. Sitzender alter Dachshund. 1815. 8. Nebst Copie.
952. Würzburger Schiffsmann. 1815. 8.
953. Slovakischer Bauer, vom Rücken gesehen. 1815. 8.
954. Caro, aufwartender Pudel. 1816. 8.
955. Oestreichischer Postillion. 1817. qu. 8.
956. Dromedar und Kameele. 1817. qu. fol. Etwas fleckig.
957. Invalide auf einem Fass sitzend. 1817. 4.
958. Knabe, der ein Pferd in die Schwemme reitet. 1817. qu. fol. Mit der Adresse von Marco Berra.
959. Hühnerhund beim Brunnen. 1818. qu. 4.
960. Zwei liegende Kühe vom Rücken gesehen. 1818. qu. 4.
961. Weidendes Pferd am Wasser. 1818. qu. 4.

962. Zwei ungarische Büffel. 1818. qu. 4.

963. Zwei ungarische Ochsen. 1818. qu. 4.

964. Ein Merinowidder und vier liegende Schaafe. 1818. qu. 4.

965. Ein Mädchen, das einen Kalender zerreisst. 1818. qu. 4.

966. Black-Horses from Lincolnshire mit Stallknecht. 1819. qu. fol.

967. Mädchen, einen Korb mit einem Kinde auf dem Rücken. Nach Londonio. 1819. 8. Seltener Aetzdruck.

968. Esel mit Treiber, auf dem Furka-Gebirge. 1820. qu. fol.

969. Ein mit Körben bepackter Esel, links eine Italienerin. 1820. qu. fol.

970. Barozzaro di Roma, auf einem Wagen mit Ochsen bespannt. 1820. qu. fol.

971. Kindlifresserbrunnen in Bern. 1820. qu. fol.

972. Der Ritterbrunnen mit dem Bären in Bern. 1820. qu. fol.

973. Dasselbe. Chines. Papier.

974. Ein stehender bepackter Esel, rechts sehend. 1820. qu. 4. Vorzüglicher Abdruck.

975. Eine bepackte Eselsstute mit Jungen weidend, rechts der Treiber und sein Hund. 1822. qu. fol.

976. Frutajuolo di Napoli. 1822. qu. fol.

977. 2 Bl. Bepacktes Maulthier mit Futterkorb. 1823. qu. 4. Chines. Papier nebst unvollendetem Probedruck.

978. A Napoli, zwei Ochsen bei einem zweirädrigen Karren. 1824. qu. fol.

979. Auf der Scheideck, Künstler zu Pferd mit dem Senner redend. 1824. qu. fol.

980. Dasselbe.

981. Am Läuferbrunnen in Bern. 1824. qu. fol.

982. Grasende Kuh, rückwärts zwei Kühe und zwei Schaafe. 1825. qu. fol.

983. Liegender Hund nach links gewendet. Schwarzkunst. 1826. qu. 8.

984. Charetier français. 1827. qu. fol. Chines. Papier.

985. Am Genfer See, Bäuerin auf einem Pferd. 1827. qu. fol.

986. Mehrere Kühe, die aus Wasser getrieben werden. 1829. qu. fol.

987. Zwei Reiter mit Hunden, die einen wilden Stier verfolgen. 1829. qu. fol.

988. Zwei im Gras liegende Kühe. 1829. qu. fol.

989. Kameel und Dromedar. 1832. qu. fol. Chines. Papier.

990. Ein aufwartendes Hündchen neben einem schlafenden. 1832. qu. 8.

991. 2 Bl. Moschetta, sitzende Hündin, und Hund, eine gegen ihn sich stellende Katze anbellend. 1832. qu. 8.

992. Schlafender Jagdhund, neben Gewehr und Stiefel. 1832. qu. 8.

993. Zwei Hunde, einer kratzt sich, der andere schläft, rückwärts Koffer und Degen. 1832, qu. 8.

994. Eselstreiber, sich anlehnend und den gesattelten Esel haltend. 1833. qu. fol.

995. Schlafender Eselstreiber, bei zwei bepackten Eseln und einem Pferd. 1834. qu. fol. Aetzdruck. Fleckig.

996. Zwei Kühe an einen Wagen gekettet. 1834. qu. fol.

997. Nürnberger Bauernfuhrwerk mit zwei Pferden und einem Bauer, der Brod füttert. 1834. qu. fol.

998. Wallachisches Fuhrwerk. Reit- und Fuhrpferde am Futtersack, die Bauern lagern und kochen. 1834. qu. fol. Unvollendeter Abdruck, vor der Schrift.

999. Nürnberger Bauernfuhrwerk mit zwei Ochsen und einem Pferde. 1834. qu. fol.

1000. Ein spanischer Pilger. 1835. fol.

1001. Reiter mit Pferden, der sich mit Mädchen am Brunnen bespricht. 1835. qu. fol.

1002. Reiter auf einem Esel, mit einem römischen Bauerjungen redend. Herrn Hayen gewidmet. 1838. fol.

1003. 2. Bl. Schweizer, und Guerilla, Hunde. 1838. qu. 4.

1004. Ein stehendes Pferd, nach rechts gewendet. 1838. qu. fol.

1005. Ein stehendes Pferd mit einem Halfter. 1838. qu. fol.

1006. 2 Bl. Brustbild einer Ziege, und zwei Kuhköpfe von vorn und von der Seite. 1838. 8. u. qu. 4.

1007. 2 Bl. Dieselben. Auf braun Papier weiss gehöht.

1008. Eine neben Kräutern liegende Ziege mit zwei Jungen. 1843. qu. 8.

1009. Tyroler Fuhrwerk. 1843. qu. fol.

1010. Ein Wagen mit vier Büffeln bespannt. 1843. qu. fol. Flekig.

1011. Schimmel, nach rechts sehend, an den Trog angebunden, rückwärts drei Pferde in gewölbter Stallung. Schwarzkunst. 1843. qu. fol.

5

1012. 2 Bl. Polnischer Bär, und am Staremberger See. 1844. qu. 4. u. qu. fol.

1013. Hektor (Pudel), einen Stock apportirend. 1844. qu. 4.

1014. Ein Eseltreiber mit zwei Eseln und Hund am See. 1844. qu. fol.

1015. Pferd mit Fohlen auf der Weide. 1844. qu. fol.

1016. Tyroler Viehhändler. 1845. qu. fol. Chin. Papier.

1017. Schiffszugpferde im Bivouak, die sich beissen. 1845. qu. fol.

1018. Schweizer Stier im Stall. 1845. qu. fol.

1019. Retourgelegenheit nach Wien. 1845. qu. fol.

1020. Münchener Bauernschlitten. 1845. qu. fol. Fleckig.

1021. Ochse und Pferd am Pflug. 1845. qu. fol.

1022. 3 Katzen, eine sitzt und zwei schlafen. 1845. qu. 8.

1023. Pferde am Pflug, dabei Bauer und Bäuerin. 1845. qu. fol.

1024. 2 Bl. Römischer Ziegenbock, und drei Merinos, zwei gegen einander stossend. 1845. qu. 4.

1025. Bellender Spitzhund gegen eine Katze. 1845. qu. 4.

1026. Othello, stehender Haushund an eine Kufe gekettet. 1845. qu. 8. Chines. Papier.

1027. Cattiva, schlafener Jagdhund neben Gewehr und Ranzen. 1846. qu. 8.

1028. Zwei Schafe mit Lämmern auf der Weide. 1846. qu. 4.

1029. Fränkisches Schiebkarrenfuhrwerk mit Hund. 1846. qu. 4.

1030. Aussicht gegen Mödling, Luzersdorf und Brünn von Ziegelhofe am Weg nach Baden. qu. fol. Fleckig

1031. Ziege mit Jungem im Stalle. 1841. 4.

1032a. Zwei liegende Kühe im Stalle angekettet. qu. 4.

1032b. 3 Bl. Ein todtes Pferd, Reiter zu Pferd, und zwei grasende Pferde. qu. fol. u. 4.

J. C. Klengel.

1033. 46 Bl. Landschaften, Viehstücke etc. aus dem bekannten Werke dieses Meisters, in verschiedenem Format.

F. Kobell.

1034 90 Bl. Landschaften und Genrebilder aus dem bekannten Werke dieses Meisters, in verschiedenem Format.

W. v. Kobell.

1035a. Bepackte Pferde und Esel mit dem Führer. W. Romain p. Aquatinta. fol.

1035b. Das Viehstück mit dem Bullen. H. Roos p. Aquatinta. fol.

1036. Landschaft mit Kühen, Ziegen und Hirtinnen am Wasser. N. Berghem p. Aquatinta. 4.

1039. 6 Bl. Landschaften und Viehstücke. Radirt. 4., qu. 4. u. qu. 8.

J. A. Koch.

1040. 2 Bl. Landschaften aus der Folge der römischen Ansichten. qu. fol.

F. N. König.

1041. 24 Bl. Schweizerlandschaften und Genrebilder in verschiedenem Format.

C. W. Kolbe.

1042. Landschaft mit Bad, aus der Folge, nach S. Gessner. fol.

1043. 12 Bl. Landschaften mit Eichen. Meist vollendete Probedrücke vor den Künstlernamen. gr. qu. f. und fol.

J. U. Kraus.

1044. Bacchanal. Schwarzkunst. 4.

L. Krug.

1045. Die zwei nackten Frauen. 8. B. 11. Neuer Abdruck und aufgezogen.

C. F. Lessing.

1046a. Einsiedler bepflanzen eine Wildniss. Aus Buddeus' Album. qu. fol. Fleckig.

Prince Ch. de Ligne.

1046b. 6 Bl. Landschaften mit Staffage. qu. fol.

H. Lips.

1047. 2 Bl. Der Abend, und die Nacht. Aquatinta. qu. fol.

C. v. Mechel.

1048. Lavater und Füssli bei Spalding zum Frühstück. qu. fol. Bis zum Stichrand beschnitten u. aufgezogen.

I. van Mecken.

1049. Das Crucifix. fol. B. 29. Aeusserst selten. Theilweise colorirt und aufgezogen.

J. H. Menken.

1050a. 2 Bl. Landschaft mit Fluss, und Kühe. qu. 4.

1050b. 2 Bl. Vieh auf der Weide. Aquatinta. qu. fol.

A. Menzel.

1051. Lesende Dame am Kamine. Aus der Folge der geschabten Lithographien. fol.

M. Merian.

1052. Rorbach bei Heidelberg. Aus der Folge. qu. 4.

C. Meyer.

1053. Winterliche Stadtansicht. qu. fol.

F. Meyer.

1054. 3 Bl. Landschaften. Aus der Folge. qu. fol.

J. F. Morgenstern.

1056. 2 Bl. Brustbild eines Alten mit Dolch, und Brustbild einer Alten mit Muff. C. W. E. Dietrich p. fol

F. Müller gen. Maler Müller.

1057. Affentanz vor dem Bauernhaus. fol.

J. Nehrlich gen. Nerly.

1058. Norddeutsches Dorf. qu. 8.

J. Nether.

1059. 21 Bl. Radirungen dieses Meisters. Meist Polnische Köpfe in Rembrandt's Manier. kl. 8.

R. v. Normann.

1060. Ansicht in Meyringen. Aus Buddeus' Album. fol Chines. Papier.

A. B. Nothnagel.

1061. 5 Bl. Köpfe und heilige Darstellungen. In Rembrandt's Manier. 4.

A. F. Oeser.

1062. Ein Denkmal mit den Worten: Hier spannt der Sterbliche etc. qu. 4. Seltener Abdruck, weiss gehöht.

G. Penez.

1064. Verkaufung des Joseph. Aus der Folge. 8. B. 12 Fleckig.

1065. 3 Bl. Aus der Folge: Der Triumphe des Petrarka qu. fol. B. 119, 121, 122. No. 121, vorzüglicher Abdruck, die beiden andern etwas verschnitten und fleckig.

J. Penzel.

1066. 108 Bl. Meist Kalenderkupfer aus dem Werke dieses
Künstlers. 8. Nebst einem Brief des Meisters an
Graff in Dresden.

H. Plüddemann.

1067. Die Kreuzfahrer erblicken Jerusalem. Aus Buddeus'
Album. qu. fol. Chines. Papier.

F. Preller.

1068. Die Wartburg im XIV. Jahrhundert. fol.

1069a. Waldlandschaft mit Reh. qu. 4.

1069b. Dasselbe. Unvollendeter Probedruck. Sehr
selten.

1070a. Lindengruppe mit grasendem Pferd. qu. 8. Seltener
2. Aetzdruck.

1070b. Dasselbe. Sehr seltener 1. Aetzdruck.

D. Quaglio.

1071. 23 Bl. Aus der Folge der Münchener Ansichten.
fol., qu. fol. u. 8.

J. Rauch.

1072. 7 Bl. Folge von Ochsen und Kühen. qu. fol. u. qu. 8.

A. Rethel.

1073. Jakob erblickt das blutige Gewand Joseph's. Aus
Buddeus' Album. qu. fol. Chines. Papier.

J. C. Reinhart.

1074. Die Landschaft mit der grossen Eiche. gr. qu. fol.
Vorzüglicher Abdruck, aber etwas fleckig und
bis zum Plattenrand beschnitten.

1075. 2 Bl. aus der Folge. Poi cessa colla Sera ogni Lavoro,
und Christi Versuchung. qu. fol.

1076. 9 Bl. aus der Folge der italienischen Ansichten. fol.
u. qu. fol. Ein Blatt davon mit Nadelschrift,
eins vor der Schrift.

1077. 13 Bl. Landschaften mit Darstellung von Bileam's
Esel, S. Hubertus etc. fol., qu. fol. u. qu. 4. Auf
Tonpapier.

1078. 12 Bl. Thierstücke. Ein Bl. doppelt. qu. fol. u. qu. 4.

1079. Doctor Richter mit den Juden. 4. Selten.

Ludwig Richter.

1080. 2 Bl. Bauern aus einem Dörfe, welche die Leipziger
Schlacht mit ansehen, und der erste Zahn. Aus der

Dresdener Bilderchronik. J. Mende u. J. Hantzsch p.
4. Chines. Papier.

1081. Der blinde Dorfgeiger. Aus der Dresdener Bilderchronik. J. Hantzsch p. fol. Chines. Papier.

1082. Dorfschenke. Aus derselben. A. L. Most p. qu. fol.
Chines. Papier.

1083. Römische Landleute versammeln sich unter den päpst-
lichen Fahnen. Aus derselben. D. Lindau p. qu. fol.

1084. Herbstabend. Aus derselben. E. Oehme p. fol.

A. H. Riedel.

1085. St. Caecilia. Dresdener Gallerie. C. Dolce p. 4.
Punktirt.

B. Rode.

1086. 12 Bl. Die Masken am Zeughaus zu Berlin. Nach
Schlüter. 8.

1087. 28 Bl. aus dem bekannten Werke dieses Meisters in
verschiedenem, meist grossem Format.

J. H. Rode.

1088. Christus vor Pilatus. C. B. Rode p. gr. fol.

G. P. Rugendas.

1089. 5 Bl. aus der Folge des Cavallerieregiments. Schwarzkunst. fol. Selten.

1090. 4 Bl. aus der Folge von Diversi Pensieri. qu. 4.
Mit erster Adresse von Wolff.

1091. 6 Bl. Schlachtenscenen. C. Rugendas sc. Aquatinta. qu. fol.

Ch. v. Rumohr.

1092. 3 Bl. Landschaften und Studienköpfe. qu. 4. u. qu. 8.

1093. Landschaft aus dem Sabinergebirge. qu. 4. Sehr
selten.

Prinz Ruprecht v. d. Pfalz.

1094. Der kleine Henkerkopf J. Ribera p. Schwarz-
k...s'. 4. Seltene Copie von Houston.

A. Sauerweid.

1095. 2 Bl. Kalmucken, Baschkiren und Kosacken zu
Pferde. qu. 4.

J. A. Schellenberg.

1096. 12 Bl. Studien für geübte Anfänger. Landschaften
und Genrebilder. 8.

J. E. Schenau.

1097. 4 Bl. Köpfe und Genrebilder aus der Folge. 8. u. qu. 8.

J. W. Schirmer.

1098. Landschaft mit Rehen unter Bäumen. Aus Buddeus' Album. qu. fol. Chines. Papier.

1099. Waldteich. Aus demselben. qu. fol. Chines. Papier.

M. J. Schmidt gen. **Kremser Schmidt.**

1100. 2 Bl. Die Krönung Mariä, und der sterbende Heiland. fol.

G. F. Schmidt.

1101. Brustbild eines Mannes. Nach Rembrand. 8. Jacobi 112. Alter Abdruck, wie die Folgenden.

1102. 2 Bl. Ein alter Krieger. Nebst gegenseitiger Copie von Geyser. 4. J. 116.

1103. Ein junger Mann, wahrscheinlich Rembrandt. Rembrandt p. 4. J. 117.

1104. Des Künstlers Bildniss, zeichnend. 4. J. 134.

1105. Der Prinz von Geldern droht seinem Vater. Rembrandt p. fol. J. 139.

1106. Schmidt's Bildniss mit der Spinne. 4. J. 141. Unreiner Druck, braun.

1107. Lot mit seinen Töchtern. Rembrandt p. fol. J. 173. Vorzüglicher Abdruck mit dem Stempel.

1108. Der alte Tobias wird von seinem Weibe verspottet. Rembrandt p. qu. fol. J. 177. Seltener Abdruck auf braun Papier. Ohne Plattenrand.

M. Schongauer.

1109. Die Geisselung Christi, aus der Passion. 4. B. 12. Altdeutsche Copie.

1110. Christus am Kreuz, genannt das kleine Crucifix. 4. B. 17. Grauer Abdruck. Mit einer Falte.

1111. Die Versuchung des heiligen Antonius. fol. B. 47. Copie. S. B. Anleitung, p. 58.

1112. S. Stephanus. 4. B. 49. Leidlicher Abdruck, mit Ausbesserungen im weissen Papier.

A. Schroedter.

1113. Das Verlobungsblatt des Künstlers. qu. fol.

1114. Titel zu Buddeus' Album. qu. fol. Chines. Papier.

Ch. G. Schütz.

1115. Landschaft mit Fluss und Stadt. qu. fol. Erster Abdruck vor den Namen.

L. Schwanthaler.

1116. Leucothea rettet Odysseus. Aus Buddeus' Album. qu. fol. Chines. Papier.

J. B. Sonderland.

1117. 20 Bl. Bilder und Randzeichnungen zu deutschen Dichtungen. 5 Hefte nebst Text. fol. Düsseldorf.

1118. Zigeuner-Zug aus Walter Scott's Guy Mannering. Aus Buddeus' Album. qu. fol. Chines. Papier. Fleckig.

O. Speckter.

1119. 6 Bl. Thierscenen zu Rumor's Fuchsenstreit. Lithographien. Chines. Papier. 8.

C. Steffeck.

1120. Krähe mit Hund. qu. fol.

1121. 3 Bl. Pferdestücke. Lithographien in Tondruck. f.

E. Steiner.

1122. 6 Bl. Folge von Landschaften, im Titel Potpourri. qu. 4.

1123. 3 Bl. Schweizerfiguren. 8.

E. Steinle.

1124a. Zwei Sänger. Aus Buddeus' Album. fol. Chines. Papier.

J. J. Strüdt.

1124b. Reiter mit Pferden am Flusse. Ph. Wouwerman p. Aquatinta. fol. Vor der Schrift.

A. Thiele.

1125. 5 Bl. Kleine Landschaften. 8. u. qu. 8.

J. Umbach.

1126. 6 Bl. Biblische Darstellungen. 8. u. qu. 8. Zum Theil fleckig.

Unbekannter Meister des XIII. Jahrhunderts.

1127. 8 Bl. aus der Folge der Platten des Kronleuchters in Aachen. fol. Neue Abdrücke.

Unbekannter Meister des XV. Jahrhunderts.

1128. Die Jungfrau sitzend mit einem Engel. Im Styl des

Meisters 1466. 4. Passavant, P. Gr. II. p. 225,
No. 107. Später Abdruck.

Unbekannt.

1129. St. Michael. Copie nach dem Meister. 1466. 8.

Unbekannter Meister (N. Wilborn).

1130. Das Opfer des Priap. Copie nach dem Meister mit
dem Schlangenstabe. 4. B. Tom. VIII. Später Abdruck, eingetuscht.

C. v. Vittinghof.

1131. 22 Bl. Thierstücke und Landschaften. In verschiedenem Format.

J. Vollmer.

1132. Der Hafen in Venedig. Aus Buddeus' Album. qu.
fol. Chines. Papier.

J. Voltz.

1133. Kühe und Schaafe bei alten Weiden. fol. Chines.
Papier.
1134. 4 Bl. aus der Folge der Kühe und Pferde. 8. qu. 8.
Chin. Papier.

C. Wagner.

1135. Der Isarfall. Aus Buddeus' Album. qu. 4. Chines.
Papier.
1136. Landschaft. Mühle im Sturm. Aus Buddeus' Album.
qu. fol. Chines. Papier.

W. Wegener.

1137. 10 Bl. Thierstücke. qu. 4 8. qu. 8. Chinesisches
Papier.

F. E. Weirotter.

1138. 2 Bl. Landschaften mit Wasser. 8. qu. 8.
1139. Felsige Waldlandschaft mit Fluss, aus der Folge.
qu. 8.

F. Weitsch.

1140. 6 Bl. Viehstücke. qu. 8.

F. Werner.

1141. Krautfeld und Weidenstamm mit Hirten. 8. Chines.
Papier. Selten.

E. Wiegmann.

1142. Das Kloster. Aus Buddeus' Album. fol. Chines.
Papier.

5*

H. Wierx.

1143a. 43 Bl. Andachtskupfer. kl. 8. Meist aufgezogen und fleckig. Siehe auch vorn unter den Stichen.

1143b. 2 Bl. Das Schweisstuch der heil. Veronica. 8.

1143c. Madonna mit dem Kinde. Salve parve Puer etc. fol.

J. G. Wille.

1144. 2 Bl. Der Raucher und der Mann mit dem Hut. Aus der Folge. 8. qu. 8. Le Blanc 17, 19.

M. Willmann.

1145. Die Himmelfahrt der Jungfrau Maria. gr. fol. Ein Hauptblatt.

M. Wocher.

1146. 3 Bl. Schweizer Volksscenen. Aquatinta. qu. 4.

M. Zasinger.

1147. Die Enthauptung der heil. Catharina. fol. B. 8. Alter Abdruck, aber um mehrere Linien verschnitten.

1148. St. Ursula 8. B. 10. Alter Abdruck, aber oben links etwas verschnitten.

1149. Der grosse Ball beim Herzog von Baiern. qu. fol. B. 13. Capitalblatt, mit einigen ausgebesserten Rissen.

B. Zix.

1150. Der schnupfende Schuster. 8. Aufgezogan.

Niederländische Schule.

J. v. Aken.

1151. 1 Bl. aus der Folge der Rheinlandschaften nach H. Sachtleven. qu. fol. Guter 2. Abdruck.

W. Basse.

1152. 2 Bl. Waldparthien mit Satyrn und Nymphen, in Elsheimer's Manier. qu. 8. Selten.

C. Bega.

1153. Die rauchende Frau. 8. B. 11. Alter Abdruck, wie die Folgenden.

1154. Die sitzenden Bauern mit Krug. B. 12.

1155. Der Raucher. 8. B. 13.

1156. Ein Mann mit kurzem Mantel und Mütze. 8. B. 15.

1157. Eine Frau auf dem Kopf einen Korb tragend.   8.
B. 18.

1158. Ein Bauer zündet seine Pfeife an. 8. B. 20.

1159. Ein Bauer vom Rücken gesehen. 8. B. 22.

1160. Die Versammlung am Kamin. 8. B. 23. Matter
Druck.

1161. Dasselbe. Guter Druck.

1162. Das liebende Paar. 8. B. 25.

1163. Der Tanz. 8. B. 26.

1164. Der Bänkelsänger. 8. B. 27.

1165. Dasselbe.

1166. Die Mutter mit dem Kinde. 8. B. 28. Später
Druck. Fleckig.

1167. Die drei Trinker. 4. B. 29.

1168. Der Ehemann und seine Frau. 4. B. 30.

1169. Die Frau in der Schenke. 4. B. 31.

1170. Der junge Gastwirth. 4. B. 33.

1171. Die Schänke. fol. B. 35. Mit der Adresse.

N. Berghem.

1172. Die pissende Kuh. qu. fol. B. 2. Später Abdruck,
die Adresse abgeschnitten.

1173. Dasselbe berühmte Blatt.   Die Adresse ausradirt.

1174. Die ruhende Heerde. fol. B. 10.

1175. Der Widderkopf. qu. 4. B. 22. Copie.

1176. Ein Hirte, welcher die Flöte spielt, aus der Folge.
fol. B. 8. Guter Abdruck mit der Adresse
von Danckerts.

1177. Der Halt beim Wirthshause. fol. B. 11. Ebenso.

1178. Dasselbe. Schöner Abdruck, aber etwas fleckig.

1179. 6 Bl. Folge von Schaafen, mit dem Titel. qu. 4.
B. 29—34. Gemischte Abdrücke.

1180. 6 Bl. Folge von Ziegen. qu. 4. B. 35—40. Dabei ein Blatt vor der Nummer.

1181. Die trinkende Kuh. qu. fol. B. 1.

1182. Die Kühe. qu. 4. B. 13.

1183a. 6 Bl. Thiere aus verschiedenen Folgen, dabei das
Titelblatt mit der Hirtin; mit der Adresse von Cle-
ment de Jonge. qu. 4. Gemischte Abdrücke.

D. van Bergen.

1183b. Viehstück mit Hirten am Wasser. Nach ihm, von
P. S. S. Aus Weber's Sammlung. qu. 4. Selten.

G. Bleker.

1184. Die ziehende Heerde. qu. fol. B. 8. Vorzüglicher Abdruck.

J. F. de Block.

1185. Alter mit Weib auf dem Kirchhofe. 8.

A. Bloteling.

1186. 4 Bl. Die Folge der Löwen in Landschaften, mit
dem Titel: Variae Leonum Icones. P. P. Rubens
p. qu. 4. B. 34. Gute zweite Abdrücke mit Nummern und N. Visscher's Adresse.

1187. Der Bauer mit dem Satyr. Schwarzkunst. 8.

H. Bol.

1188. 2 Bl. aus der Folge der Monate. Rund 4. Sehr
selten.

F. Bol.

1189. Portrait eines Mannes mit Hut. 4. B. 13. Beschnitten und matt.

1190a. Die heilige Familie. qu. fol. B. 4.

P. v. d. Borcht.

1190b. Landschaft mit Dorf und Ringeltanz. qu. fol.

H. van Brüssel.

1191. 12 Bl. Landschaften. qu. 4. 8, qu. 8.

A. v. Boresom.

1192. Zwei Kühe, von denen eine liegt. qu. 4. B. 2.
Die Adresse ausradirt.

M. de Bye.

1193a. 8 Bl. Ziegen und Böcke. P. Potter inv. qu. 4.
B. 1 — 8. Mit der Adresse von Schenk. Meist
scharf beschnitten.

J. Chalon.

1193b. 11 Bl. Genrebilder und Köpfe, meist in Rembrandt's
Manier. 4. 8.

A. Cuyp.

1194. 4 Bl. aus der Folge der Kühe auf Wiesen. qu. 8.
Dabei das Titelblatt. Späte Abdrücke.

C. Dusart.

1195. Ein Weib, welches geschröpft wird. fol. B. 12.

1196. Der Dorfchirurg. fol. B. 13.

1197. Der Schuster, der einer Bäuerin Schuhe anmisst. fol. Bl. 14. Alter seltener Abdruck mit der Adr. von Gole.

1198. Der Violinspieler. fol. B. 15. Alter Abdruck, mit einem kleinen Fleck.

1199. Das Dorffest. qu. fol. B. 16. Gegendruck.

1201. 1 Bl. aus der Folge der Monate. October. Schwarzkunst, wie die Folgenden. 4. B. 29. Selten.

1202. Die Frau von der Parthey der Orange. fol. B. 34.

1203. Die beichtende Frau und der Mönch. Rund 4. S. Weigel's Suppl.

1204. 2 Bl. Democritus und Heraclides. J. Gole sc. Schwarzkunst. 4. Selten.

A. v. Dyck.

1205. Tizian mit seiner Maitresse. Tizian inv. fol. Schöner Abdruck mit der Adresse von Bouenfant. Bis zum Stichrand beschnitten und aufgezogen.

1206. Ecce Homo. fol. Die Adresse ausradirt.

1207. Portrait von A. v. Opstal. Aus der Iconographie. N. Helt Stocade zugeschrieben. 4. Szwykowski 142. Fleckig und beschnitten.

A. v. Everdingen.

1208. Landschaft mit Felsen und ruhendem Wanderer. qu 4. B. 10. Später Abdruck.

1209a. Der Fuchs auf der Seitenwand des Baumes aus der Folge des Reinecke Fuchs. qu. 4. B. 54. Alter Abdruck.

J. F. de Frey.

1209b. Landschaft mit Wasserfall. Rembrandt inv. qu. fol. Vor der Schrift.

1209c. Portrait des Grafen Hauterive. 1827. Oval 4. Seltener Abdruck vor aller Schrift.

1209d. Pius VII. 4. Selten.

C. Galle, Kupferstecher.

1210. St. Anton von Padua. Stehend vor der heiligen Jungfrau. F. Vanni inv. fol. Bis zum Stichrand beschnitten.

J. de Gheyn d. Aelt.

1211. Das fromme alte Paar. Vredsamich Paer. 4.

1212. 4 Bl. Landschaften. qu. 4.

H. Goltzius.

1213. 12 Bl. Die Passion. 8. B. 27—38. Copien.

1214. 3 Bl. aus derselben Folge. 8. B. 29, 34, 35. Ebenso.

1215. Christus am Kreuz. fol. B. 40a. Vorzüglicher Abdruck.

H. Goudt.

1216. Jupiter und Merkur bei Philemon und Baucis. A. Elsheimer inv. qu. fol. Ziemlich guter Abdruck.

G. Gouw.

1217a. Landschaft mit Wanderer. H. Goltzius inv. qu. fol. B. 1. Erster Abdruck mit Baudous' Adresse. Etwas verschnitten und aufgezogen.

R. de Hooghe.

1217b. Fischer und Jäger am Flussufer. 4.

A. Hondius.

1218. Wildes Schwein und Hund im Kampfe. qu. 4. B. 6. Sehr selten.

F. L. Huygens.

1219. 6 Bl. Kuhköpfe. 4. Chines. Papier.

J. Janson.

1220. Landschaft mit Kühen. qu. fol.

C. du Jardin.

1221. Das Titelblatt. 4. B. 1. Die Adresse zugelegt.

1222. Kuh und Kalb. 4. B. 3.

1223. Die beiden Esel. 4. B. 6.

1224. Die Ziege mit den zwei Schaafen. 4. B. 7.

1225. Die Schweine. 4. B. 8.

1226. Die beiden Männer und der Stein im Wasser. qu. 4. B. 10.

1227. Landschaft mit Wanderer, im Hintergrund Ruinen. qu. 4. B. 11.

1228a. Landschaft mit den Tempelruinen. qu. 4. B. 12.

1228b. Die vier Ziegen. qu. 4. B. 13.

1229. Die vier Schaafe. qu. 4. B. 14.

1230. Die Bäume mit den entblössten Wurzeln. qu. 4. B. 17.

1231. Die vier Berge, im Vordergrunde Vieh. qu. 4.
B. 18.
1232. Der Treiber mit zwei Eseln am Wasser. qu. 4.
B. 19.
1233. Die zwei Eselstreiber. qu. 4. B. 20.
1234. Dasselbe.
1235. Ein Mann geleitet von seinem Hund. qu. 4. B. 21.
1236. Der Ochsentreiber und die drei Ochsen. qu. 4.
B. 22.
1337. Der Viehtreiber hinter dem Baume. qu. 4. B. 23.
1238. Die beiden Pferde beim Pfluge. qu. 4. B. 25.
1239. Dasselbe. Oben etwas verschnitten.
1240. Ochse und Esel. qu. 4. B. 26.
1241. Die Bäuerin im Wasser. qu. fol. B. 27.
1242. Die Schlacht. qu. fol. B. 28.
1243. Der Esel mit der Glocke. fol. B. 29.
1244. Dasselbe.
1245. Der stehende Ochse und die liegende Kuh. fol. B. 30.
1246a. 5 Bl. Schaafe. qu. 8. B. 36, 37, 38, 39, 42.
1246b. Das liegende Schaaf. qu. 8. B. 39. Sehr seltener Abdruck vor der Nummer.
1247. Die Familie. 8. B. 43. Matt.
1248. 5 Bl. Die kleinen Landschaften. qu. 8. B. 47—
50. N. 49. Doppelt.

J. Jonckheer.
1249. Drei Hunde auf dem Felde. qu. 8. B. 1. Verschnitten.

J. Kobell.
1250. Kuh, Schaaf und Ziege. qu. 8. Selten.

P. de Laer.
1251. 6 Bl. Folge von Pferden. qu. 4. B. 9—14.
1252. 6 Bl. Landschaften und Genrebilder. qu. 8. B. 17,
18, 19, 20; No. 20 dreifach.

L. v. Leyden.
1253. Die sogenannte kleine Hagar. 4. B. 18. Grau.
1254. Salomon's Götzendienst. 4. B. 30. Aufgezogen und
ausgebessert.
1255. Der Triumph des Mardochai. qu. fol. B. 32. Fleckig
und aufgezogen.
1256. Das grosse Ecce Homo. gr. qu. fol. B. 71. Capitalblatt vor der Retouche, aber matt.

1257. Der Schmerzensmann. 8. B. 76. Aufgezogen und fleckig.

1258. Die Madonna mit dem Kinde und St. Anna. 8. B. 79. Fleckig und aufgezogen.

1259. Die heil. Jungfrau, stehend in einer Nische. 8. B. 81. Copie.

1260. Madonna mit dem Kinde unter dem Baume   qu. 4. B. 83.

1261a. Dasselbe. Aelterer Abdruck.

1261b. Der Mönch Sergius von Mahomet getödtet. fol. B. 126. Capitalblatt in altem Abdrucke vor der Adresse, aber etwas verschnitten und stark ausgebessert.

1262. Pyramus und Thisbe. qu. 4. B. 135. Matt.

1263. Der Spaziergang. 8. B. 144.

1264. Die Pilger. 8. B. 149. Verschnitten.

1265. Das musicirende Paar. 8. B. 155. Matter Druck und fleckig.

1266. Madonna mit dem Kinde. 8. B. 84. Alter, aber etwas unreiner Abdruck.

J. Livens? dem Meister fälschlich zugeschrieben.

1267. Brustbild einer Frau mit Haube. 4.

H. Lodewyck.

1268. 7 Bl. Thierstücke. Goldschmidtsarbeiten. qu. 8. Selten. Aufgezogen.

J. v. Londerseel.

1269. Die innere Ansicht von St. Johann im Lateran zu Rom. H. Aerts p. qu. fol. Bis zum Stichrand beschnitten.

Th. Maas.

1270a. 6 Bl. Soldaten und Pferde in verschiedenen Stellungen, aus der Folge. qu. 4. 8. qu. 8.

F. A. Milatz.

1270b. 2 Bl. Landschaften. qu. 4.

P. de Molyn.

1271. Eine alte Frau, welche liest, neben ihr liegt eine Katze. 4.

P. Nolpe.

1272. 2 Bl. tanzende und trinkende Bauern, aus der Folge. qu. 8.

1273. Die ruhenden Wanderer beim Felsen. A. van Nieu-
lant inv. Aus der Folge. qu. fol.

J. v. Noordt.

1274. Landschaft mit Kühen und Ziegen. qu. fol. Alter
I. Abdruck. Oben rechts ausgebessert.

P. G. v. Os.

1275. 6 Bl. Ochsen und Kühe. 1798. qu. 4. Vorzügliche Abdrücke.
1276. Die holländischen Milchkühe mit der Schäferin. gr.
qu. fol. Der Schriftrand abgeschnitten.

J. Ossenbeck.

1277. Das Volksfest bei der Caffarella. qu. fol. B. 25.
2. Neuer Abdruck.
1278a. Der Branntweinhändler. 4. B. 5. Ebenso.
1278b. Die Flucht nach Aegypten. G. Tintoretto p. qu.
fol. B. 50. Vor der Nummer.

A. v. Ostade.

1279. Portrait des Künstlers. J. Gole sc. Schwarzkunst. fol.
1280. Der Bauer mit der kleinen schwarzen Mütze. 8. B. 1.
Copie.
1281. Der Raucher. Oval 8. B. 5.
1282. Dasselbe.
1283. Der Bäcker, welcher ins Horn bläst. 4. B. 7.
1284. Der Leiermann. 4. B. 8. Aelterer Abdruck.
1285. Ein Bauer aus dem Fenster sehend. 8. B. 9.
1286. Der Raucher am Fenster. fol. B. 10.
1287. Das Liebespaar im Fenster. 4. B. 11.
1288. Mann und Frau in Unterredung. 4. B. 12. Aelterer Abdruck.
1289. Dasselbe. Guter später Abdruck.
1290. Die Mutter und die zwei Kinder 4. B. 14. Aelterer Abdruck.
1291. Die Puppe. 4. B. 16.
1292. Dasselbe.
1293. Die Schule. 4. B. 17.
1294. Das Messergefecht. qu. 4. B. 18.
1295. Die Zeitungsleser. fol. B. 19. Aelterer Abdruck.
1296. Der Raucher. 4. B. 24a.

1297. Die Hasplerin. 4. B. 25. Aelterer Abdruck.
1298. Der Handelsmann. 4. B. 29.
1299. Das Conzert. 4. B. 30. Aelterer Abdruck.
1300. Die Spinnerin. qu. 4. B. 31.
1301. Der Maler. fol. B. 32.
1302. Der Familienvater. 4. B. 33. Aelterer Abdruck aber fleckig.
1303. Der Scheerenschleifer. 4. B. 36.
1304. Ein Mann unterhält sich mit einer Frau. 4. B. 37 Aelterer Abdruck.
1305. Die beiden alten Weiber. 4. B. 40.
1306. Der Fleischer. Rund 4. B. 41.
1307. Der Quacksalber. 4. B. 43.
1308. Dasselbe. Vor der neueren Retouche, aber matt.
1309. Der wandernde Violinspieler. 4. B. 45. Aeltere Abdruck.
1310. Die Familie. 4. B. 46. Ebenso.
1311. Das Fest unter dem grossen Baume. qu. fol. B. 48 Fleckig.
1312. Bauerfamilie beim Vesperbrod. qu. fol. B. 50 Später Druck. Der Schriftrand abgeschnitten.
1313. Die Scheune. qu. fol. B. 13.
1314. Der pissende Bauer. 4. Dem Meister fälschlich zu schrieben.

H. v. d. Poorten.

1315. 2 Bl. Eine liegende Kuh nebst einem unvollendeten Abdruck. qu. 8.

P. Potter.

1316. 2 Bl. aus der Folge der Ochsen und Kühe. qu. 8 B. 2, 3. Alte gute Abdrücke.
1317. 2 Bl. aus der Folge der Pferde. qu. fol. B. 9, 13 Copien.

P. Quast.

1318. 6 Bl. Die fünf Sinne. Durch Bauern dargestellt. 8 Späte Abrücke.
1319. Gruppe von 4 Bauern in einer Stube, vorn einer schlafend. qu. 4.

E. Quellinus.

1320. Tanz von jungen Bacchanten und Satyrnkindern in einer waldigen Landschaft. qu. fol. Selten.

Rembrandt.

1321. Joseph und Potiphar's Weib. qu. 8. B. 29. Alter Abdruck.

1322. Die Beschneidung Christi. qu. 8. B. 47. Sehr seltener Abdruck auf Atlas, aus Ackermann's Sammlung.

1323a. Die Flucht der heil. Familie. 8. B. 52. Copie.

1323b. Die heilige Familie im Zimmer. qu. 8. B. 63.

1324. Christus als Knabe im Tempel unter den Schriftgelehrten. qu. 8. B. 64. Aelterer Abdruck.

1325. Derselbe Gegenstand anders dargestellt. qu. fol. B. 65.

1326. Die Auferweckung des Lazarus. 4. B. 72. Neuer Abdruck.

1327. Christus am Kreuz. Oval 8. B. 79. Um das Oval beschnitten.

1328. Die Rückkehr des verlornen Sohns. 4. B. 91.

1329. Die Marter des heil. Stephanus. 4. B. 97. Später Abdruck. Fleckig.

1330. Der heil. Hieronymus bei dem alten Baume. 4. B. 103. Vorzüglicher Abdruck, aber um mehrere Zoll verschnitten und aufgezogen.

1331. Die Plinsenbäckerin. 8. B. 124. Fleckig und ausgebessert.

1332. Der Zeichner nach der Büste. 8. B. 130. Aufgezogen.

1333. Bauer mit Weib und Kind. 4. B. 131.

1334. Das Schwein. qu. 4. • B. 157. Copie.

1335. Die Bettlerfamilie am Hause. 4. B. 176. Fleckig.

1336. Manasseh Ben Israel. 4. B. 269. Verschnitten.

1337. Bürgermeister Six. fol. B. 285. Copie. Der Schriftrand abgeschnitten.

1338. Brustbild eines Mannes mit Bart und Mütze. 8. B. 319. Guter Abdruck, aber braun und aufgezogen.

1339. Brustbild eines Mannes mit hoher Mütze. 8. B. 326.

1340. Der Maler Droost. 8. B. 328. Copie.

1341. Die alte Frau im Lehnstuhle. 4. B. 343. Copie.

1342. Die alte Frau im Lehnstuhle. 4. B. 344.

1343. Die Mohrin. 8. B. 357.

1344a. Das Studienblatt von sechs Figuren, dabei Rembrandt's Frau. 4. B. 365. Beschnitten und fleckig.

1344b. Die Badende, mit den Füssen in dem Wasser. gr. 8.

B. 200.   Schöner Abdruck auf Japanisch Papier.

1344c. Christus und die Jünger von Emaus. 8. B 88. Guter Abdruck, aber fleckig.

1344d. 2 Bl. Köpfe nach Rembrandt. 8. qu. 8.

M. Rodermont.

1345. Jacob und Esau, oder das Linsengericht. fol. Bartsch, Cat. de Rembrandt. T. II. Unreiner Abdruck.

R. Roghman.

1346. 4 Bl. Landschaften, aus der Folge. qu. fol. qu. 4. B. 25, 26, 27, 29. Beschnitten.

J. H. Roos (Deutscher).

1347. 7 Bl. Schafe und Ziegen aus verschiedenen Folgen. qu. 4. B. 3, 11, 14, 15, 16, 17. Nr. 16 doppelt, Original und Copie, und Nr. 17 Copie.

1348. 3 Bl. Ruhende Schafe und Ziegen, aus der Folge. fol. Meist alte gute Abdrücke, aber fleckig und scharf beschnitten.

J. M. Ruyten.

1350. Schiff auf der Werfte. 1841. qu. 4.

Aeg. Sadeler, Kupferstecher.

1351. Wappen des Arnold von Reyger. Aus dem Buche. 8.

C. Sachtleven.

1352. Der Ziegenhirt. qu. 4. Selten. Die Adresse ausradirt.

J. Savery.

1353. Die Landschaft mit der Hirschjagd. Hondius exc. 1602. qu. fol. Selten. Beschnitten und aufgezogen.

S. Savry.

1354. 2 Bl. Blumenstücke. qu. 8.

C. Schut.

1355. Madonna mit dem Kinde und St. Johannes unter einem Baume, von Engeln umgeben. fol. Fleckig und beschädigt.

C. Seghers.

1356a. Don Quixote und Sancho Pansa. 4.

P. Serwouter.

1356b. Das Liebespaar im Walde mit dem Tode. D. Vinckeboom inv. qu. 4.

P. Soutman.

1357. Der wunderbare Fischzug, genannt der kleine Fischzug. P. P. Rubens inv. qu. fol. B. 47. Mit des Meisters Adresse. Die Ecken beschädigt und oben verschnitten.

Th. v. Star.

1358a. Christus wird durch den Teufel versucht. 8. B. 5. Selten. Aufgezogen und etwas eingetuscht.

L. Suavius.

1358b. Die Auferweckung des Lazarus. qu. 4. Passavant, Peintre-Graveur Tome III. Nr. 1. Matt.

D. Stoop.

1359. 5 Bl. Pferde aus der Folge. qu. 4. B. 4, 6, 7, 10. Zum Theil bis zum Stichrand beschnitten.

H. v. Swanevelt.

1360. 5 Bl. Die Folge der Landschaften mit den biblischen Scenen. qu. fol. B. 66—69. Die breiten Unterränder abgeschnitten.

1361. Landschaft mit Satyrn, aus der Folge. qu. 4. B. 52. Alter Abdruck aus Lenz's Sammlung.

1362. 4 Bl. Folge von Landschaften. qu. fol. B. 77—80. Alte zweite Abdrücke mit der Adresse von Bonnart.

1363. 2 Bl. Der Abend, und die kleine Brücke. qu. fol. B. 81 und 82. Ebenso.

1364. 12 Bl. Folge von Landschaften mit alten Gebäuden. qu. fol. B. 83—94. Ebenso. Einige fleckig.

1365. Venus und Adonis auf der Jagd. qu. fol. B. 104. Schöner 1. Abdruck mit der Adresse des Meisters. Etwas fleckig.

D. Teniers.

1366. Pilger mit Stab. 8. Selten.

L. van Uden.

1367. Landschaft mit Hirten und Schloss. qu. 8. B. 12. Fleckig.

1368. Landschaft mit Hirten und Vieh. qu. 8. B. 10.

Unbekannter Stecher.

1369a. St. Paulus. Copie nach Dürer's Holzschnitt in der kleinen Passion. 8. B. 38. In L. van Leyden's Manier.

W. Vaillant.

1396b. Knabenkopf. Schwarzkunst. 4.

A. van de Velde.

1370. 10 Bl. aus der Folge der Thiere. B. 1 etc. qu. 4. qu. 4. B. 1—5, 7, 10. 3 Bl. doppelt.

J. van de Velde.

1371. 14 Bl. Landschaften mit Ruinen und Staffage, aus verschiedenen Folgen. qu. fol. Zum Theil fleckig.

1372. 4 Bl. Die Elemente. Landschaften mit Figuren. Gute 2. Abdrücke mit Visscher's Adresse. Ein Bl. ergänzt.

1373. Aurora. Flussansicht. qu. fol. 2. Abdruck. Aufgezogen.

1374. Der Kindertanz. Nachtstück. P. Molyn inv. 4. Guter 2. Abdruck mit Visscher's Adresse.

E. J. Verboeckhoven.

1375. 6 Bl. Thierfabeln. qu. 8.

N. Verkolje.

1376. Die beiden liegenden Nymphen in der Landschaft. Schwarzkunst. qu. fol. 2. Abdruck mit Valck's Adresse.

W. Vertommen.

1377. Interieur mit Soldaten. qu. fol.

1378. Zechende Bauern. qu. 4.

C. Visscher.

1379. Die beiden trinkenden Bauern und das Weib. A. von Ostade p. Vivitur parvo bene. fol. Guter 3. Abdruck mit Schenck's Adresse.

S. de Vlieger.

1380. Der Getreidetransport. qu. 4. B. 5. Braun.

1381. Die beiden Jagdhunde. qu. 4. B. 11.

1383. Die drei Jagdhunde. qu. 4. B. 12.

1384. Das Pferd auf der Weide. qu. 4. B. 13.

1385. Dasselbe, matter.

1386. Das Pferd an der Schleife. qu. 4. B. 14.

1387. Die Schafe. qu. 4. B. 15. Schöner Abdruck.

1388. Die Schweine. qu. 4. B. 16.

1389. Die Ziegen. qu. 4. B. 19. Schöner Abdruck.

1390. Der Kettenhund. qu. 4. B. 20. Etwas verschnitten.

J. G. van Vliet.

1391. Das Bordell. qu. fol. B. 16. Trefflicher 1. Abdruck vor der Adresse. Zu Seiten scharf beschnitten.

1392. Die Kartenspieler. 4. B. 51. Schöner Abdruck, aber der Name abgeschnitten.

1393. 11 Bl. aus der Folge der Handwerker. fol. B. 32 etc. 2. Abdrücke mit Danckerts' Adresse.

1394. 13 Bl. aus den Folgen der Bettler und kleinen Figuren. 8. B. 73 etc. 1 Bl. doppelt.

A. Waterloo.

1395. 5 Bl. aus der Folge der Dorfansichten etc. qu. 8. B. 15, 16, 23, 25, 29. Gemischte Abdrücke.

1396. 8 Bl. Landschaften aus verschiedenen Folgen. qu. 4. B. 39, 43, 57, 63, 65, 66, 80, Nr. 43 doppelt. Gemischte Abdrücke.

1397. 7 Bl. Die seltene Folge mit den Wasserfällen. qu. 4. B. 71—76, Nr. 75 doppelt. Meist gute Abdrücke, ein Blatt fleckig.

1398. 4 Bl. aus der seltenen Folge der Landschaften. qu. 4. B. 84—86, 88. Meist gute Abdrücke, ein Bl. fleckig.

1399. 6 Bl. Die holländischen Städteansichten. qu. fol. B. 89—94.

1400. 7 Bl. aus den Folgen der Landschaften in die Breite. qu. fol. B. 109—112, 114—116. Gemischte Abdrücke. 2 Bl. abgeschnitten.

1401. 4 Bl. aus den Folgen der Landschaften in die Höhe. fol. B. 119, 121, 123, 124. 2 Bl. davon alte schöne Abdrücke.

1402. Alphons und Arethusa. fol. B. 125. Alter guter Abdruck.

1403. Merkur und Argus. fol. B. 127. Ebenso.

1404. Verstossung der Hagar. fol. B. 131. Selten.

1405. Hagar vom Engel getröstet. fol. B. 132. Ebenso. Etwas stockfleckig.

1406. Der Prophet Juda. fol. B. 133. Selten. Mit Bister und Tusche übergangen.

1407. Der Prophet Elias. fol. B. 136. Selten. Schöner Abdruck. Scharf beschnitten.

M. van Wtenbroeck.
1408. Merkur und Argus. qu. fol. B. 29.

Th. Wyck.
1409. Der Concordiatempel. qu. 8. B. 8.
1410. Die Schmiede in der Ruine. qu. 8. B. 9.
1411. Der kleine Ziehbrunnen. qu. 8. B. 10. 2. Abdruck
mit Danckerts' Adresse.
1412. Dasselbe. Die Adresse ausgeschnitten.
1413. Der blinde Bettler, aus Lazarillo de Tormes. 4.
B. 11.
1414. Der grosse Ziehbrunnen. 4. B. 13. Alter guter
Abdruck.
1415. Das Weib mit den beiden Körben. qu. 4. B. 14.
1416. Dasselbe. Späterer Abdruck.
1417. Die Spinnerin. qu. 4. B. 18. Alter guter Abdruck.

F. van de Wyngaerde.
1418. Die Flucht der heiligen Familie. J. Thomas inv.
qu. fol. Selten.
1419. David zerreisst den Löwen. P. P. Rubens p. 4.

R. Zeeman.
1420. 2 Bl. aus der Folge der französischen Ansichten.
B. 57 und 59. Alte schöne Abdrücke. Etwas
fleckig.

Italienische Schule.

P. Aquila.
1421a. Flucht der heil. Familie. fol.

N. Beatrizet.
1421b. Der Sturz des Phaëton. Michel Angelo inv. fol.
B. 38. Copie. Verschnitten.

St. della Bella.
1422. 18 Bl. Ornament di Fregi. Schmal qu. fol.
1423. 12 Bl. Dessins de quelques Conduites de Troupes.
qu. 8.

1424. 11 Bl. Divers Embarquements. qu. 8. Nebst 3 Bl. Copien.

1425. 6 Bl. Varij Capricij Militarij. qu. 8. Einige fleckig.

1426. 23 Bl. Studien von Figuren, Landschaften, Thieren etc., dabei der grosse Tod. In verschiedenem Format. Meist späte Abdrücke. Zum Theil beschädigt.

1427. 2 Bl. Die Knaben mit den Hunden. 4.

1428. 8 Bl. Jagden. qu. fol.

J. Bonasone.

1429. Die Geburt Johannes des Täufers. Giacomo Fiorentino inv. qu. fol. B. 76. Alter Abdruck dieses Capitalblattes mit erster Adresse von Lafreri. Aufgezogen und ausgebessert.

1430. Die Ohnmacht der Maria. Raphael inv. fol. B. 50. Alter Abdruck, aber mit einer Falte.

1431. Das Urtheil des Paris. gr. qu. fol. B. 112. Alter Abdruck eines Hauptblattes.

B. Bossi.

1432. 10 Bl. Trophäen und Köpfe. 8.

A. Canale.

1433. Ansicht von Bra della Valle. qu. fol.

S. Cantarini.

1434. Die Ruhe der heiligen Familie. qu. fol. B. 6.

1435. Dieselbe, anders dargestellt. qu. 8. B. 8. Scheint eher von Biscaino als von Cantarini zu sein.

1436. Madonna von Engeln gekrönt. fol. B. 21. Seltener Abdruck, roth gedruckt.

1437. Der Schutzengel. 8. B. 28. Ganz verschnitten.

J. Carpioni.

1438. Die heil. Familie. fol. B. 5.

Aug. Carracci.

1439. Madonna mit dem Kinde. J. Ligozzi inv. 4. B. 34. Ein Hauptblatt in schönem Abdruck.

1440. 2 Bl. Die Theater-Decorationen. qu. fol. B. 121 und 122. 2. Abdrücke.

Ann. Carracci.

1441. Die Madonna mit der Schwalbe. 4. B. 8. Alter

6*

Abdruck eines Hauptblattes, vor der Adresse.

1442. 2 Bl. Christus am Kreuz, und Apollo und Satyr. 8. Beide unächt.

B. Castiglione.

1443. Tobias lässt die Todten begraben. qu. 4. B. 5. Alter Abdruck.

1444. Die Flucht der heiligen Familie nach Egypten. fol. B. 12.

1445. Die Melancholie. qu. fol. B. 22.

B. Facini.

1446. Der heil. Franciscus. fol. B. 1. Matt.

O. Fialetti.

1447. 12 Bl. aus der Folge der Scherzi d'Amore. 8. Copien.

B. Franco.

1448. Die heil. Familie. fol. B. 27.

J. B. Galestrucci.

1449. Allegorie auf den Cardinal Mazarin. fol. B. 58.

G. Ghisi.

1450. Orion und Diana. L. Penni inv. fol. B. 43. 2. Abdruck. Brüchig und aufgezogen.

1451. Die Parzen. G. Romano inv. qu. fol. B. 47. Schöner Abdruck, aber verschnitten.

A. Ghisi.

1452. 32 Bl. aus der Folge der einzelnen Figuren an der Decke der Sixtin'schen Capelle von Michel Angelo. 4. Vorzügliche Abdrücke. Leider ist die Folge nicht vollständig.

D. Ghisi.

1453. Die Erzengel in Verehrung mit Maria mit dem Kinde. Raphael inv. fol. B. 31. Fleckig.

G. F. Grimaldi.

1454. Die Landschaft mit der Taufe Christi. gr. qu. fol. B. 48.

L. Loli.

1455. Die heilige Familie. J. A. Sirani inv. fol. B. 6. Fleckig.

F. Londonio.

1456. 12 Bl. Folge der Thierstücke, Lord d'Exeter zugeeignet. qu. fol. Gute Abdrücke, wie die
Folgenden.
1457. 6 Bl. Thierstudien. Dem Prinzen Alberigo di Bar-
biano zugeignet. qu. fol.
1458. 4 Bl. aus der Folge, dem Lord Dundas zugeeignet.
qu. fol.
1459. 5 Bl. aus der Folge der Thierstücke in 4.

J. Longhi.

1460. Filosofo in Contemplazione. Rembrandt p.
qu. fol. Sehr schöner Abdruck, wie die
Folgenden.
1461. Pan und Syrinx. qu. fol.
1462. Portrait von Rembrandt. Se ipse p. 4.
1463. Halbfigur eines Mannes mit Krause und Handschuh.
Rembrandt p. fol.
1464. Der Türke, in ganzer Figur. Idem p. fol.
1465. Dasselbe. Weniger schön.
1466. Männliches Portrait mit Mütze und Krause. Idem p.
kl. 4.

Michel Lucchese.

1467. Die Kletterer. Michel Angelo inv. Copie nach
Marc-Anton. fol.

A. Mantegna.

1468. Die Grablegung. Copie von Zoan Andrea. B. 3.
Ausgebessert und um 1 Zoll verschnitten.
1469. Madonna mit dem Kinde. fol. II. Abdruck. Um
mehrere Zoll verschnitten.

C. Maratti.

1470. 2 Bl. Die Geburt der Maria. fol. B. 1. Nebst
Copie.
1471. Der Besuch bei Elisabeth. fol. B. 3.

Meister B. mit dem Würfel.

1472. Die Flucht des Aeneas. Raphael inv. fol. B. 72.
Alter Abdruck, aber beschnitten und der Schriftrand fehlend.
1473a. Die spielenden Liebesgötter. Idem inv. qu. fol.
B. 30. Copie. Beschnitten.

Meister G. B.

1473b. Apollo und Marsyas.   qu. fol.   B. Tome XIX.
Pag. 185. No. 5.

Meister der Taroc-Karte.

1473c. Euterpe mit zwei Flöten.   kl. fol.   B. 35.   Aus
Weber's Sammlung und sehr selten wie die
Folgenden.

1473d. Geometrie.   kl. fol.   B. 41.   Aus Bossi's Sammlung.

1473e. Die Poesie.   kl. fol.   B. 44.   Unten links etwas
ergänzt.

Sämmtlich Originale, welche Bartsch für Copien hielt.

G. B. Mercati.

1474. St. Bibiena.   P. da Cortona p.   fol.   B. 5.

G. Palma.

1475. Roma mit der Victoria.   fol.   B. 23.

G. P. Piranesi.

1476. 2 Bl.   Antike Fragmente.   qu. fol.

P. del Po.

1477. Christus und die Samariterin.   H. Carracci p. gr.
fol.   B. 8.   Gegendruck.

A. Podesta.

1478. Bacchanal 1640.   qu. fol.   B. 3.   Mit erster Adr.

C. Procaccini.

1479. Die Ruhe der heiligen Familie.   qu. fol.   B. 1. Die
Adresse ausradirt.

Marc-Antonio Raimondi.

1480. Die heil. Cäcilia.   Raphael inv.   fol.   B. 116.
Copie A.

1481. Der alte und der junge Bacchant.   Idem inv.   4.
B. 294.   Alter Abdruck, oben ergänzt und zur
Seite verschnitten.

1482. Venus und Amor.   Idem inv.   4.   B. 297.   Copie
B. von der Gegenseite.   Etwas verschnitten.

1483. Mars und Venus.   A. Mantegna inv.   fol.   B. 345.
Später Abdruck.

1484. Die Philosophie.   Raphael inv.   4.   B. 381.   Copie B. von L. Suavius.   Scharf beschnitten.

Marco di Ravenna.

1485. St. Bartholomäus. Raphael inv. fol. B. 85. Alter Abdruck. Etwas beschnitten.

Guido Reni.

1486. Madonna mit dem Kinde. Rund. 4. B. 3.

1487. 2 Bl. Die Mädchen mit dem Kissen und dem Crucifix. F. Parmeggiano inv. 8. B. 48 und 49. Späte Abdrücke.

1488. Christus und die Samariterin. H. Carracci inv. qu. fol. B. 52.

J. Ribera il Spagnoletto.

1489. St. Hieronymus lesend. qu. fol. B. 3. Copie.

M. Ricci.

1490. Landschaft mit dem Mann mit dem Vogel. qu. fol. B. 6.

Robetta.

1491. Venus mit Liebesgöttern. fol. B. 18. Selten. Etwas ausgebessert und aufgezogen.

S. Rosa.

1492. Glaucus und Scylla. fol. B. 20.

1493. Der Flussgott und der Krieger. fol. B. 23.

B. Rotari.

1494. Christus an der Säule. 8.

R. Schiaminossi.

1495. Der siegreiche Christus. F. Barocci inv. Rund 4. B. 33.

E. Sirani.

1496. Die Schmerzens-Madonna. fol. B. 7.

B. Stefani.

1497. Die heil. Familie in einer Landschaft. M. del Moro inv. gr. fol.

V. Strada.

1498. Das grosse Ecce homo. qu. fol. B. 3.

P. Testa.

1499. Die Anbetung der Könige. gr. fol. B. 3. Vor der Adresse.

1500. Die Marter des heil. Erasmus. fol. B. 14. Der Schriftrand abgeschnitten.

1501. Achilles in das Wasser des Styx getaucht.   qu. fol.
B. 21.

1502. Die Allegorie mit dem Greif.   fol.   B. 30.   Selten.

G. D. Tiepolo.

1503. 22 Bl. meist aus der Folge der Fluchten nach
Egypten.   qu. 4. fol.

Agostino Veneziano.

1504. Die cumäische Sibylle.   Raphael inv.   4.   B. 123.
Retouchirter Abdruck.

E. Vico.

1505. Lucretia.   Idem inv.   fol.   B. 16.   Ausgebessert
und fleckig.

Französische Schule.

K. Audran.

1506. 4 Bl. Mythologische Figuren.   qu. 8.

J. J. de Boissieu.

1507. Die Kugelspieler beim alten Thor von Lyon.   qu. fol.
Rigal 10.   Alter vorzüglicher Abdruck.

1508. Die kleinen Küper.   qu. 4.   R. 23.   Alter schöner Druck.

1509. Ansicht von Aqua pendente.   qu. fol.   R. 33.

1510. Die Landschaft mit den Kühen im Kahne.   qu. fol.
R 64.   Alter vorzüglicher Abdruck.

1511. Die Landschaft mit dem mit Holz beladenen Kahn.
qu. fol.   R. 68.   Vor der Adresse.

1512. Die kleinen Charlatans.   qu. fol.   R. 22.

A. Bosse.

1513. 2 Bl.   Aus der Folge der klugen und thörichten
Jungfrauen.   qu. fol.   Duplessis, Cat. de l'Oeuvre de
Abr. Bosse.   No. 44 und 46.   Vorzügliche Ab-
drücke.   Das eine etwas ausgebessert.

L. de Boulogne.

1514. Simon und Pero.   fol.   Rob.-Dumesnil 13.   Selten.

S. Bourdon.

1515. 2 Bl.   Heil. Familie.   8.   qu. 4.   R.-D.   14 u. 19.

1516. Die heil. Familie auf der Terasse. qu. 4. R.-D. 20.
I. seltener Abdruck vor der Inschrift. Aetzdruck. Rob.-Dum. unbekannt.
1517. 2 Bl. Bettler. qu. 4. R.-D. 31 und 32.

P. Brebiette.

1518. 4 Bl. Der Triumph der Venus, Tritonen etc. fol.
4. qu. 8.

J. Callot.

1519. Die Märtyrer von Japan. 4. Meaume 155. I. Abdruck vor der Adresse.
1520. 13 Bl. Die Exercices militaires. qu. 8. M. 582
—94. I. Abdrücke vor den Nummern.
1521. Parterre du Palais de Nancy. qu. fol. M. 622.
II. Abdruck.
1522. 40 Bl. aus der Folge der Capricci und der Zwerge.
qu. 8. Meist Copien.
1523. 7 Bl. Pariser Volksfiguren. E. Bouchardon inv. 4.

Ch. Chaplin.

1524. 2 Bl. Landschaft und Architectur, mit Figuren. A.
Leleux und Ed. Hedouin inv. qu. fol.

G. Courtois gen. Bourguignon.

1525. Begrabung der Todten. qu. fol. R.-D. 1. Der
Schriftrand abgeschnitten.

A. Coypel.

1526. Pan von Liebesgöttern bezwungen. qu. fol. R.-
D. 10.

J. Dassonville.

1527. Der Streit um den Bierkrug. 8. R.-D. 2.
1528. Die Bauernfamilie beim Hause. qu. 4. R.-D. 34.
Mit ausgebessertem Riss.
1529. Die beiden Bettler. 8. Fehlt R.-D., siehe R. Weigel's Kunstcatalog, 3. Abtheilung.
1530. Die Bauern beim Kamin; Composition von sechs Figuren. Rund. kl. 4. Ebenso. Um das Rund beschnitten.

A. G. Decamps.

1531. Die Eselherberge. kl. qu. fol.

V. Denon.

1532. Die Darstellung im Tempel. Tizian p. gr. qu. fol.
1533. Männlicher Kopf. 4.

A. Flamen.

1534. Der Hahn, aus der Folge. qu. 8. R.-D. 393.

1535. Die Rebhühner. qu. fol. R.-D. 405. Der Schriftrand abgeschnitten.

1536. 2 Bl. aus der Folge der Fische. qu. 8. R.-D. 464
und 468.

1537. 2 Bl. Ansichten des Schlosses du Pereay. qu. fol.
R.-D. 522 und 540.

1538. 2 Bl. Ansichten von St. Hilaire, und bei Charenton.
qu. fol. R.-D. 520 und 533. Fleckig.

C. Gillot.

1539. 4 Bl. Die Feste der Waldgötter. qu. fol. Zwei
Bl. fleckig.

L. de La Hyre.

1540. Die heil. Familie mit der Palme. fol. R.-D. 6. Der
Schriftrand abgeschnitten.

1541. Die heil. Familie mit dem Kreuz. qu. fol. R.-D. 4.
I. Abdruck. Fleckig.

C. Jacques.

1542. Die Landschaft mit dem Schweinehirt. qu. 8. Seltener Abdruck auf Pergament.

E. de Laulne.

1543. 11 Bl. Mytholog. Darstellungen. Oval kl. 8. Ein
Bl. doppelt.

E. Leclerc.

1544a. Bacchanal. qu. fol.

J. B. Le Prince.

1544b. Eine Russin mit Kindern im Schlitten. qu. fol.
Beschnitten.

1544c. 5 Bl. Die fünf Sinne, durch Figuren dargestellt.
Aquatinta. 8. Bis zum Plattenrand beschnitten.

Claude Lorrain.

1545. Die Viehheerde in der Gewitterlandschaft. qu. fol.
R.-D. 18. Später Abdruck. Beschnitten.

L. J. le Lorrain.

1546. 2 Bl. Scenen aus der griechischen Geschichte, aus
dem Pausanias. qu. fol.

Ph. J. de Loutherbourg.

1547. 6 Bl. Seconde Suite de Figures. 8. Prosper de
Baudicour 7—12. Mit des Meisters Adresse.

1548. 2 Bl. La bonne petite Soeur, und Tranquillité champêtre. fol. Pr. de B. 19 und 20. Gute 4. Abdrücke.

A. de Marcenay.

1549. Die Landschaft mit der grossen Felsenhöhle. J. Vernet p. qu. fol.

1550. Die kleine schmale Landschaft, aus dem Werke No. 44. qu. 8.

Claude Mellan.

1551. Die heil. Familie. qu. fol. Anatole de Montaiglon 15. 2. Abdruck.

M. Montagne.

1552. Die Landschaft mit den Tanzenden. qu. 8. R.-D. 8. II. Abdruck.

1553. Das Dorf im Walde. qu. fol. R.-D. 26. Beschnitten und fleckig.

J. B. Norblin.

1554. Susanne und die beiden Alten. qu. fol. Hillemacher 3. Chines. Papier.

N. Ozanne.

1555. 56 Bl. Schiffe und Seestücke. 8. qu. 8.

F. Perrier.

1556. Die heil. Familie. qu. fol. R.-D. 2. Die Adresse ausradirt.

B. Picart.

1557. Madonna mit dem Kinde auf Wolken, in S. Cantarini's Manier. fol.

F. Tortebat.

1558. Die Verzweiflung des Jephta S. Vouet p. gr. qu. fol. R.-D. 3. Gewaschen und aufgezogen.

Englische Schule.

R. Gaywood.

1559. 2 Bl. Raubvogel und Hühner, und Thierfabel. F. Barlow inv. qu. 8. qu. 4.

IV. Abtheilung.

Holzschnitte.

A. Andreani.

1560a. Allegorie auf den Tod. G. F. Fortuini inv. Clair
obscur. gr. fol. B. 13.

1560b. Der Kampf der Tugend. J. Ligozzi inv. Ebenso
gr. fol. B. 9.

F. Bloemaert.

1561. Moses und Aaron. A. Bloemaert inv. Stich und
Clairobscur. fol.

N. Boldrini.

1562. Das Wunder des heil. Franciscus. Tizian inv. gr
qu. fol. Die Platte wurmstichig.

1563. Die Landschaft mit der Kuh, die gemolken wird
Idem inv. gr. qu. fol. Aufgezogen.

L. Cranach.

1564. Luther als Junker Jörg. fol. Schuchardt 179
Aeusserst selten.

A. Dürer.

1565. 8 Bl. aus der grossen Passion. Späte Abdrücke
Dabei das Titelblatt in altem Abdruck, aber ohn
die Druckschrift. gr. fol. 4. Ein Blatt doppelt un
1 Bl. verschnitten.

1566. 9 Bl. aus der kleinen Passion. 4. Copien.

1567. Das Abendmahl. qu. fol. B. 53. Original. Gute
Abdruck.

1568. Der Calvarienberg. fol. B. 59. Ebenso. Etwa
ausgebessert.

1569. Ein Blatt aus der Apokalypse. gr. fol. Alter Ab
druck mit Text auf der Rückseite.

1570. 12 Bl. Aus dem Leben der Maria. fol. Meis
alte Abdrücke mit Text auf der Rückseite
Ein Bl. davon Uebertragung auf Stein.

1571. Die heil. Familie mit S. Joachim. fol. B. 96.

1572. Die heil. Familie im Zimmer. fol. B. 100. Auf
gezogen.

1573. Dasselbe. In ebenfalls altem Abdruck, aber oben etwas verschnitten.

1574. Maria als Himmelskönigin. fol. B. 101. Später Abdruck. Faltig.

1575. Die heil. Familie mit den Hasen. fol. B. 102. Etwas verschnitten.

1576. St. Christoph. fol. B. 104.

1577. St. Elias. fol. B. 107. Alter Abdruck. Etwas fleckig.

1578. St. Stephanus, Gregorius und Laurentius. fol. B. 108. Alter vorzüglicher Abdruck. Aufgezogen.

1579. St. Johannes der Täufer und St. Hieronymus. fol. B. 112.

1580. St. Hieronymus in der Grotte, 1512. 4. B. 113. Aufgezogen.

1581. Die österreichischen Heiligen. qu. fol. B. 116. Etwas ausgebessert und aufgezogen.

1582. Der sich geisselnde Heilige. Fol. B. 119. Alter Abdruck. Fleckig.

1583. St. Catharina. gr. fol. B. 120.

1584. St. Magdalena. fol. B. 121. Alter Abdruck, aber ausgebessert und aufgezogen.

1585. Das jüngste Gericht. fol. B. 124. Alter Abdruck mit dem Zeichen. Etwas ausgebessert und aufgezogen.

1586. Dasselbe. Ebenso.

1587. Die Enthauptung des Johannes. fol. B. 125. Alter vorzüglicher Abdruck.

1588. Dasselbe. Alter Abdruck.

1589. Das Gastmahl der Herodias. fol. B. 126. Alter Abdruck. Aufgezogen.

1590. Das Stadtbad. gr. fol. B. 128. Fleckig und aufgezogen.

1591. Der Triumphwagen des Kaiser Max. In 8 zusammengefügten Blättern. qu. imp.-fol. B. 139. Copie. Beschnitten und aufgezogen. Nebst 1 defecten Blatt aus der Ehrenpforte.

1592. Portrait Albrecht Dürer's. fol. B. 156. Copie.

1593. Madonna mit dem Kinde. fol. B. App. 13. 2. Abdruck. Aufgezogen.

1594. St. Martin. fol. B. App. 18. 1. Abdruck vor dem Zeichen. Etwas ausgebessert.

1595. Dasselbe. 2. Abdruck.

1596. Die heilige Barbara. fol. B. App. 24.
1597. Dasselbe.
1598. Die heilige Catharina. fol. B. App. 25. Auf
gezogen.
1599. Das Schweisstuch der heil. Veronica. Clairobscur
gr. fol. B. App. 27. Copie vom Grafen Leon de
Laborde.
1600. Der Fackeltanz. qu. fol. B. App. 38. Altei
schöner Abdruck, mit einem kleinen Riss.
1601. Titelbordüre mit den drei Bauern und der Schlange
Moses im Wappenschild, zu Luther's Schrift: De bonis
operibus. 4. Zweifelhaft.
1602. 4 Bl. Copien nach Dürer, Burgkmair, Baldung
Grün etc. 4. Aus R. Weigel's Holzschnittwerk.

H. Goltzius.

1603. 2 Bl. Landschaften. Clairobscur. qu. 4. B. 244
und 245.

J. C. Jegher.

1604. Die Kinder Christus und Johannes in einer Landschaft
P. P. Rubens inv. gr. qu. fol.

H. Schaeuflein.

1605. 25 Bl. auf beiden Seiten bedruckt, somit 50 Darstellungen aus dem Evangelium. 8. Mit Farben be-
malt und mehrere beschädigt.

H. Springinklee.

1606. 3 Bl. Geburt Christi. fol. B. 51. Nebst 2 Copien
Sämmtlich aus Büchern.

A. da Trento.

1607. Die tiburtinische Sibylle und Kaiser Augustus. F
Parmeggiano inv. Clairobscur fol. B. 7.
1608. Der nackte Mann vom Rücken gesehen. Idem inv
Clairobscur. fol. B. 13. Verschnitten.

A. Woensaen gen. Anton von Worms.

1609. 10 Bl. Heilige Darstellungen, meist aus den Werker
des Dionysius. fol. 4. 8. Ein Blatt doppelt.

F. Zuccaro.

1610. Mariä Himmelfahrt, in Tizian's Manier. Dem Meister
zugeschrieben. gr. fol.

Von Diversen.

1611. 107 Bl. von verschiedenen Künstlern, aus Büchern. Dabei mehrere colorirte Titelblätter. In verschiedenem Format.

Neuere Holzschnitte.

Fr. Baumgarten.

1612a. Das Vaterunser. Reiche Composition mit Arabesken. Schön in Farben aus Hirschfeld's Officin. gr. fol.

H. Bürkner.

1612b. 2 Bl. Landschaft und Dorfansicht mit reicher Staffage. E. Hasse del. Dresdener Kunst-Vereins-Blatt. qu. fol.

1613. 6 Bl. Der Todtentanz, nach A. Rethel. Mit Text von Reinick. 5. Auflage. qu. fol.

J. G. Flegel.

1614. Christus zwischen den Schächern. G. Jäger inv. fol.

1615a. Hirsche im Schnee. F. W. Wegener del. Leipziger Kunst-Vereins-Blatt. qu. fol.

1615b. Dasselbe.

1615c. Dasselbe.

1616. Dasselbe.

A. Gaber.

1617. Der Christusknabe im Tempel. J. Schnorr inv. gr. qu. fol. Chines. Papier.

E. Graeff.

1618. 3 Bl. Eva, Madonna mit dem Kinde, und der Schüler bei dem Skelett. E. Steinle und Ph. Veit inv. 4. fol.

F. Unzelmann.

1619. Franz von Sickingen's Tod. A. Menzel del. Preussisches Kunst-Vereins-Blatt. qu. fol. Chines. Papier.

V. Abtheilung.

Lithographien.

Nachfolgende aus dem Boisserée'schen Galleriewerk lithographirt von
Strixner, in alten guten Abdrücken.

1620. Madonna mit dem Kinde und eine Heilige.   M.
Grünewald p. gr. fol.

1621. 3 Bl. Die Grablegung nebst den beiden Seitenbildern.
B. de Bruyn p. gr. fol.

1622. Portrait von S. Haller. J. Walch p. fol.

1623. Die Flucht nach Egypten. J. Patenier p. gr. fol.

1624. 2 Bl. Männliche und weibliche Heilige.   Quint.
Messys p. gr. fol.

1625. 3 Bl. Die Kreuztragung mit den beiden Seitenbildern
von St. Heinrich und St. Helene. J. van Melem p.
gr. fol.

1626. Stehender Apostel in einer Kirche. J. van Meke-
nen p. gr. fol.

1627. 2 Bl. je à drei Apostel. Idem p. gr. fol. Ohne
Untersetzbogen.

1628. 2 Bl. St. Johannes der Evangelist, und St. Catharina.
B. de Bruyn p. gr. fol.

1629. 2 Bl. St. Heinrich, und St. Helena. Idem p.
gr. fol.

1630. Das Erstere nochmals. Aufgezogen.

1631. Die heil. Familie. M. Schön p. fol. Ebenso.

1632. Die heil. Catherine. J. Schoreel p. fol. Ebenso.

1633. Die Anbetung der Könige. J. Schwarz p. gr. fol.
Ohne Untersetzbogen.

1634. Frauenportrait mit Federhut. L. Cranach p. fol.
Ebenso.

VI. Abtheilung.

Handzeichnungen
von älteren und neueren Künstlern.

———

(Die Namen der Künstler des früheren Besitzers sind beibehalten.)

E. F. de Block.

1635. Matrosen-Paar. Geistreiche Skizze in Feder und Tusche. fol.

C. le Brun.

1636. Der Tod der Kinder der Niobe. Feder und Tusche qu. fol.

A. Bloemaert.

1637a. Anbetung der Hirten. Feder. qu. fol.

F. Boucher.

1637b. 3 Bl. Weinende Kinder in Landschaften. Rothstein. fol. Nebst einer Copie in Stich von Demarteau.

C. H. Bohys (?)

1638. Portrait einer friesischen Frau. Kreide, weiss gehöht. fol.

D. Caffee.

1639. Portrait des Meisters und seines Sohnes. Schön in Pastell. gr. fol.

C. W. E. Dietrich.

1640. Viehstück. Bleistiftskizze. qu. 8.

J. C. Erhard.

1641. Stehendes Pferd. Kreide. 4.

1642. Ansicht von Strassburg. Bleistift. 4.

E. Fischer.

1643. Reiche Landschaft. Schön in Deckfarben. gr. qu. fol.

F. Gebhard.

1644. Waldparthie. Feder und Tusche, weiss gehöht. qu. fol.

C. Gessner.

1645. Landschaft mit Pferden und Treibern, einen Baumstamm ziehend. Aquarelle. qu fol.

1646. Landschaft mit Stadtthor und Pferden in der Schwemme.
Ebenso. gr. qu. fol.

B. Gerlach.
1647. Aufgehängter Specht. In Oelfarben auf Leinwand. fol.

S. Gränicher.
1648. Studienblatt mit abgerichteten Hunden, Affen etc.
Feder. qu fol.

F. Barbieri gen. Guercino.
1649. Landschaft mit Reisenden. Feder. qu. fol.
1650. St. Magdalena. Feder. 4.

T. Hoffmann.
1651. Dorfmusikanten. Bleistift. 4.

J. B. Huet.
1652. 2 Bl. Hirtenknabe und Hirtenmädchen mit Vieh.
Leicht in Farben 1773. qu. fol.

L. Janscha.
1653. Landschaft mit Wasser und Viehheerde. Fleissig in
Bister und weiss gehöht. gr. qu. fol.

J. C. Klengel.
1654. Landschaft mit drei Pferden auf der Weide. Schön
in Rothstein. 4.

C. H. Kniep.
1655. Parthie aus der Umgebung von Genf, mit Hütten und
Staffage. Schön in Deckfarben. qu. roy. fol. Im
Vorgrunde etwas abgeblättert.

S. Landolt.
1656. Landschaft mit Kornfeld und weiter Ferne. Deckfarben. qu. 4.

C. Maratti.
1657. Ein Heiliger auf Wolken. Feder, Bister, weiss gehöht. fol.

O. Le May.
1658. Landschaft mit Hirten und Vieh. Kreide und weiss
gehöht auf blau Papier. gr. qu. fol.

J. J. Meyer.
1659. Schweizer Landschaft mit Aussicht auf einen See und
Figuren. Fleissige Aquarelle, 1832. qu. fol.

J. Niemann.

1660. Zwei Knaben am Schreibtisch. Fleissig in Bleistift wie die Folgenden. qu. 4.
1661. Zwei Kinder: Bustel und Ernst am Tische. 1832. 4.
1662. Sitzender Knabe. 4.
1663. Mädchen mit Schaale. 4.
1664. Niederblickender Mädchenkopf. 4.
1665. Interieur mit Aussicht. 4.

A. F. Oeser.

1666. Die heil. Familie mit der Brille. Nach H. Carracci. Kreide, Tusche und leicht in Farben. fol.

J. B. Le Prince.

1667. Landschaft mit russischen Hirten. Kreide u. Tusche. fol.

H. Ramberg.

1668. 2 Bl. Don Quixote, und Studien von Figuren. Aquarell zu Taschenbüchern. 1823. 8.
1669. 33 Bl. mit vielen Studien von Figuren und Köpfen zu Goethe's Faust. Bleistift. 8. u. qu. 8.

Giul. Romano. (?)

1670. Kinder bei einem Brunnen. Bister. qu. fol.

H. Roos.

1671. Hirtenknabe mit Vieh. Rothstein. qu. fol.

E. Sadeler.

1672. Der Engel mit dem Schweisstuch, auch mit W. S. (verschlungen) bezeichnet. Feder und Bister. 4.

A. Sachtleven.

1673. 4 Bl. Bauern in Landschaften. Aquarellen auf Spielkarten. 8.

J. E. Schenau.

1674. Gerichtszimmer mit vielen Figuren. Fleissig in Wasserfarben. gr. qu. fol.

A. Schouman.

1675. Landschaft mit Hahn, Henne mit ihren Jungen, Pfaun etc. In Hondekocter's Manier. Schön in Aquarel. qu. fol.

F. Schubauer.

1676. 2 Bl. Landschafts-Skizzen. Feder. qu. fol.

L. Strauch.

1677. Männliches Portrait. Kreide und Rothstein. Oval. 4.

7*

G. Terburg. (?)

1678. Herr und Dame, sich grüssend. Feder. qu. 8.

Simon Wagner.

1679. 2 Bl. Drei Figuren bei einer Maus auf dem Tische und Rauchender Bauer. Bleistift. kl. 4.

F. E. Weirotter.

1680. Winter-Landschaft. Leicht in Farben. qu. 4.

A. van der Werff.

1681. Venus bei dem todten Adonis. Bister. qu. fol.

T. Wocher.

1682. Vier Bauern in einer Landschaft. Tusche. fol.

Von Diversen.

1683. 11 Bl. Thiere, Landschaften, Figuren, Architekturen etc In verschiedenem Format.

Facsimiles von Handzeichnungen.

1684. 10 Bl. Landschaften mit Staffage. Nach Cl. Lorrain von R. Earlom. Aus dem Livre Veritatis. qu. fol u. fol. Bis zum Stichrand beschnitten und die Schrift ränder ganz fehlend.

1685. Das liegende Schoosshündchen. Nach F. Mieris von C. Ploos van Amstel. qu. 8.

1686. 19 Bl. nach italienischen, deutchen und niederlän dischen Meistern. Von Prestel, Mulinari u. A In verschiedenem Format.

1687. 13 Bl. nach Raphael, H. Carracci, Miche Angelo u. A. Von J. P. Langer. In verschie denem Format.

VII. Abtheilung.

Nachtrag von Kupferstichen.

(Nach den Malern geordnet.)

C. Cignani etc.

1688. 2 Bl. Magdalena und Petrus. J. Massard und J. Nicollet sc. 4. Beschnitten.

G. Jäger etc.

1689. 11 Bl. Heilige und andere Darstellungen. Nach Jäger, Peschel, A. Richter etc., von Stölzel, Krüger, Thäter u. A. Aus der Bilderchronik des sächsischen Kunstvereins. Meist Chines. Papier. In verschiedenem Format.

C. F. Lessing.

1690. Die Entführung. A. Hoffmann sc. qu. fol. Etwas fleckig.

W. Romeyn.

1691. Landschaft mit Vieh. J. Visscher (?) sc. 4.

J. H. Roos.

1692. Landschaft mit Viehheerde. M. C. Prestel sc. Aquatinta. qu. fol. Beschnitten und der Schriftrand fehlend.

S. Rosa.

1693. Die Grazien. J. M. Preissler sc. Copenhagener Gallerie. Schwarzkunst. fol.

J. E. Schenau.

1694. Der kleine Kupferstecher. C. T. Stölzel sc. fol.

J. Stilke.

1695. Die Pilger in der Wüste. E. Eichens sc. Aus Graf Raczinsky's Werk. qu. 4.

W. Wach.

1696. Das reiche Titelblatt zu den Vereinsblättern des Preuss. Kunstvereins. J. Caspar sc. fol.

Von Diversen.

1697. 36 Blatt. Verschiedene Darstellungen von ältern und neuern Künstlern. In verschiedenem Format.

VIII. Abtheilung.

Kupferwerke und Kupferhefte.

1698. Die Thüren des Battisteriums zu Florenz. Von L. Ghiberti. 12 Bl. gestochen von Feodor Ivanowitsch, Kalmuk. qu. roy. fol.

1699. Leben Raphael Sanzio's von Urbino, in 12 Bl. Nach
F. und J. Riepenhausen von C. Barth u. A.
Frankfurt a/M. gr. qu. fol. Geh.

1700. Gallerie der Meisterwerke altdeutscher Holzschneide-
kunst in facsim. Nachbildungen zusammengestellt von
A. von Eye und J. Falke. I. Abtheilung. 19 Bl.
Lithogr. und Text. Nürnberg 1858. gr. fol. In
Umschlag.

1701. Schiller's Lied von der Glocke in 40 Blättern von
B. Neher. Nach den Entwürfen zu den Wandge-
mälden im Schlosse zu Weimar, in Holz geschnitten
von J G. Flegel. Nebst Vorwort von Dr. K. Vogel.
Leipzig 1855. fol In Umschlag.

1702. Album des Sächs. Kunstvereins. Eine Auswahl von
34 Bl. der vorzüglichsten Radirungen und Stiche aus
der Chronik desselben. (Von L. Richter, E. Stölzel,
E. Busse, J. Thäter u. A.) Dresden. qu. fol.
In Umschlag.

1703. Leipziger Künstler-Album. I. Heft. Mit einer histo-
rischen Einleitung von G. W. Geyser. Enthaltend
6 Bl. nach L. und J. Schnorr, G. Schlick und H.
Knaur. Von Sichling, Loedel u. A. und einer
Original-Radirung von C. Werner. qu. fol. In
Umschlag. (Fehlt 1 Blatt.)

1704. Abbildungen von Grabmälern in Leipzig rühmlich
bekannter Männer. II. Heft. 5. Bl. Lithogr. nebst
Text. Leipzig. 4. In Umschlag.

1705. Fünf Ansichten der Franck'schen Stiftungen zu Halle
a. d. S. A. Teichel etc. sc. Halle. 4. In Umschlag.

1706. 9 Bl. Abbildungen aus der goldenen Pforte zu Frei-
berg. In Lithographien von Hanfstaengl u. A. Aus
Dr. Puttrich's Werk. 4.

1707. Der Theuerdanck von M. Pfintzing. In Holzschnitten von H. Schaeuflein. Nürnberg 1517.
1. Ausgabe, die Holzschnitte colorirt. fol. In
alten Holzband mit Leder. Fleckig und defect.

1708. Schnellboltz, Sammlung von Portraits der Fürsten
und Gelehrten der Reformation. Die Holzschnitte
zum Theil nach L. Crenach. Wittenberg 1562.
4. Pappband.

1709. Kraus' Bilderbibel. Heilige Augen- und Gemüths-
lust auf die Evangelien von Johann Ulrich Kraus

in Augsburg. Mit vielen Kupfern und beigefügten sehr sauber geschriebenen Textblättern. fol. Lederband mit Goldschnitt.

1710. Biblia, das ist die ganze heil. Schrift, verdeutscht durch Dr. Martin Luther. Nürnberg, Enders Söhne. 1692. Mit einigen Portraits in ganzen Figuren in Kupferstich. gr. fol. In Lederband mit Knippen und Messingbeschlägen: in der Mitte Messingfiguren von Moses und Luther und in den Eckstücken die vier Evangelisten. Die Knippen ebenfalls mit Messingfiguren. Mehrere Blätter ausgebessert.

1711. Piranesi, Della Magnificenza ed Architettura de Romani opera di Gio. Battista Piranesi. Mit vielen Kupfertafeln. Roma 1761. gr. fol. Halblederband.

1712. Piranesi, Diverse Maniere d'adornare i Cammini. Mit vielen Kupfertafeln. Roma 1769. gr. fol. Ebenso.

1713. Schlichtegroll's Gemmensammlung. Mit vielen Kupfern von Schlotterbeck, Guttenberg, Klauber, J. G. Müller und A. Nebst französischem Text. fol. Halbfranzbd. Fehlt das Titelblatt.

1714. Becker's Augusteum ou description des monumens antiques qui se trouvent a Dresde. Par G. G. Becker. Trois Tomes. Mit vielen Kupferstichen von berühmten Meistern. Leipzig 1804. fol. Halbfrzbd.

Seltene Holzschnittbücher, etc.

1715. Jacob Philipp Bergomensis, novissima Historia. Venetiis 1503. fol. Halblederband, aber der Einband defect, fleckig und das Register defect.
Mit grösseren und kleineren Holzschnitten, welche dem Nicoleto da Modena zugeschrieben werden.

1716. Philippi Beroaldi, Commentationes in Suetonium. Venetiis 1510. fol. Halbschweinslederband.
Mit Holzschnitten der alt-paduanisch-venetianischen Schule.

1717. M. Plauti, Commoediae. Venetiis 1511. fol. Halblederband.
Mit Holzschnitten der alt-paduanisch-venetianischen Schule.

1718. Tito Livio. Venetiis 1493. fol. Lederband. Fehlt
das Titelblatt.
    Mit Holzschnitten der alt-paduanisch-venetianischen Schule.

1719. Evangelium Sanctum D. N. Jesu Christi. Ara-
bisch-lateinisch. Rom 1590. fol. Lederband. Das
Titelblatt geschrieben.
    Mit Holzschnitten von L. Parasole u. A. nach A. Tempesta.

1720. Vesalii Anatomia. Spätere Ausgabe. fol. Defect.
Geheftet.
    Mit Holzschnitten nach J. v. Calcar und Coriolano. Einge-
    klebt ist vorn ein Schwarzkunstblatt, Todtenkopf nach Dieffen-
    bruner von Jacob Ridinger.

1721. Vesalii Anatomia. Venetiis 1568. fol. Halbschweinslederband. Einige Blätter fleckig.
    Mit Holzschnitten nach J. v. Calcar und Coriolano, von Criegher
    (Guerra).

1722. Deutsches Brevier von C. und A. Frangepan.
Venedig 1518. 4. Schweinslederband. Fehlt das
erste Blatt und einige Blätter im Rande fleckig.
    Mit schönen Holzschnitten der alt-paduanisch-venetianischen
    Schule.

1723. La Moral del Doni. Venedig 1522. 4. Pappband. Fleckig.
    Mit Holzschnitten von Marcolini nach Salviati u. A.

1724. Missale predicatorum. Venetiis 1512. 4. Pappband. Scharf beschnitten.
    Mit schönen Holzschnitten der alt-paduanisch-venetianischen
    Schule.

1725. Agostino Gallo, Le Vinti Giornate dell' Agri-
coltura. Venetiis 1569. 4. Halblederband.
    Mit Holzschnitten von G. Perraccino, Gehilfe des Marcolini.

1726. L. Dolce, Le Trasformationi. Venetiis 1568. 4.
Pappband. Scharf beschnitten und fleckig.
    Mit Holzschnitten von C. Criegher (Guerra) u. A.

1727. Abb. Joachim, Comm. in librum C. Cirilli de magnis
tribulationibus etc. Venetiis 1516. Nebst anderen
italienischen Drucken. 4. Pergamentband.
    Mit Holzschnitten des venetianischen Künstlers M. Sessa.

1728. G. Ingegneri, Fisionomia Naturale nebst der Fisionomia von G. B. della Porta. Padova 1626. 4.
Pergamentband.
    Mit vielen Holzschnitten.

729. G. M. Verdizotti, Cento Favole. Venetiis 1607.
8. Halblederband. Sehr beschnitten.
Mit vielen Holzschnitten von Verdizotti, Zeitgenosse und
Freund des Tizian.

730. Il Petrarcha. Florenz 1522. 8. Lederband.
Fleckig.
Mit Holzschnitten von von G. A. Vavassore.

731. L. Ariosto, Orlando Furioso. Venetia 1679. 8.
Lederband. Verschnitten.
Mit Holzschnitten von D. Guerra.

732. G. Boccaccio, Il Decamerone. Venetia 1556. 8.
Lederband. Fleckig und ausgebessert.
Mit Holzschnitten von G. Giolito nach D. Dossi.

733. G. Francini, Le Cose Maravigliose di Roma.
2 Theile. Venetia 1588. 8. Pergamentband.
Mit Holzschnitten von G. Francini.

734. Vita di Esopo Frigio. Venetia. S. A. 8. Pergamentband.
Mit Holzschnitten.

735. Historia del Testamento Vecchio e Nuovo.
Venezia 1770. 8. Pergamentband.
Mit Holzschnitten von J. M. Jackson nach S. le Clerc.

1736. M. Wenceslas Ayguals de Izco, Marie l'Espagnole
ou la victime d'un moine Histoire de Madrid. 2 Theile.
1846. gr. 8. Pappband.
Mit vielen Holzschnitten.

1737. J. Fume, A Paper: — of Tobacco. London 1839.
8. Pappband.
Mit Holzschnitten.

1738. Das neunzehnte Jahrhundert des Thierreichs. Mit 48
lithographirten Bildern. Leipzig. 8.

1739. C. Barlaeus, Res Brasilae imperante illustro comite J. Mauritio. Nassoviae etc. Comite. Amsterdam 1647. gr. fol. Lederband.
Mit schön radirten Blättern von F. Post, siehe u. A. Humboldt
Cosmos, p. 85 u. 129.

1740. B. S. Albini, Dissertationes de Arteriis et Venis und
de Sede et causa Coloris Aethiopum et Caeterorum.
Hominum. 2 Hefte. Leidae 1736 u. 37.
Mit zwei Abbildungen in Kupferstich in Farbendruck von J.
Ladmiral.

1741. F. Brulliot, Dictionnaire des Monogrammes. Nou-

velle Edition.   3 Parties.   Munic 1832—34.   4. 1
lederband.

1742. J. Heller, Praktisches Handbuch für Kupfer-
sammler.   2 Theile.   2. Auflage.   Leipzig 1850
Pappband.

1743. — — Monogrammenlexikon.   Bamberg 1831.
Pappband.

1744. J. G. A. Frenzel, Catalogue raisonné des Esta
du Cabinet d'Einsiedel.   2 Volumes.   Dresde.
Pappband.

Druck von Bär & Hermann in Leipzig.

Versteigerungspreise

der

Leipziger Kunst-Auction
vom 5. Mai 1862.

Wo unter den Limiten weggegangen, entsprachen die Blätter nicht den Anforderungen meiner Herren Comittenten.

Rudolph Weigel.

Nummer	Rt.	ngl	Nummer	Rt.	ngl	Nummer	Rt.	ngl	Nummer	Rt.	ngl
1	—	21	32	—	2	61	—	1	92	1	1
2	—	13	33	2	8	62	1	12	93	—	3
3	—	20	34a	—	1	63	—	20	94	—	4
4	—	10	34b	—	2	64	—	4	95	—	15
5	1	15	35	—	18	65	1	20	96	2	16
6	—	—	36	—	—	66	—	13	97	—	2
7	—	15	37	—	18	67	—	9	98	—	10
8	—	6	38	—	10	68	1	10	99	—	10
9	—	1	39	—	5	69	—	2	100	2	—
10)	—	18	40	—	7	70	—	20	101	—	10
11)			41	—	9	71	—	1	102	—	20
12	—	2	42	—	8	72	—	8	103	1	15
u. 14	—	—	43	—	2	73	—	13	104	—	1
15	—	2	44	—	—	74	—	17	105	—	2
16a	—	4	45	—	10	75	—	—	106	—	5
16b	—	2	46	—	4	76	—	2	107	—	17
17	—	11	47	—	2	77a	1	15	108	2	—
18	—	5	48	—	8	77b	2	15	109	—	1
19)	—	1	49	—	13	78	—	3	110	1	—
20)			50	—	1	79	—	2	111	—	10
21	—	7	51	—	1	80	—	7	112	—	3
22	—	5	52	—	6	81	—	2	113	—	4
23	—	4	53	—	7	82	—	8	114	—	5
24	—	6	54	—	2	83	—	11	115	—	3
25	—	5	55a	—	2	84	—	2	116	—	1
26	—	—	55b	—	6	85	—	2	117	—	2
27	—	25	56	—	3	86	—	—	118	—	10
28	—	1	57	—	5	87	—	6	119	—	2
29	—	—	58	—	1	88 u. 89	—	2	120	1	16
30	—	2	59	—	3	90	—	2	121	—	16
31	—	5	60	—	1	91	—	10	122	—	17

Nummer	Rl.	ngl.	Nummer	Rl.	ngl.	Nummer	Rl.	ngl.	Nummer
123	—	29	170	—	1	213	4	—	259
124	—	6	171	—	1	214	—	10	260
125	—	5	172a	—	1	215	—	10	261
126	—	4	172b	—	2	216	—	10	262
127	—	5	173	—	2	217	1	1	263
128	—	5	174	—	16	218	4	—	264
129	—	2	175	—	17	219	1	—	265
130	—	1	176	—	1	220	—	15	266
131	—	2	177	—	6	221	—	2	267
132	—	9	178	—	12	222	—	1	268
133	—	3	179	—	18	223	—	9	269
135	—	16	180	—	1	224	—	1	270
136	—	16	181	—	3	225	2	20	271
137	—	29	182	—	1	226	—	1	272
138	—	4	183	—	1	227	—	1	273
139	—	1	184	—	25	228	—	2	274
140	1	15	185	—	6	229	6	20	275
141	1	5	186	—	2	230	—	25	276
142	—	10	187	—	1	231	—	1	277
143	—	1	188	—	8	232	-	13	278
144	—	2	189	—	27	233	—	12	279
145	—	1	190a	—	12	234	—	6	280
146	—	15	190b	—	1	235	2	10	281
147	—	—	191	1	1	236	2	10	282
148	—	4	192	—	6	237	—	8	283
149	—	3	193	—	20	238	—	4	284
150	—	3	194	—	4	239	—	15	285
151	—	2	195	1	20	240	1	15	286
152	-	27	196	—	2	241	—	10	287
153		1	197a	—	2	242	—	7	288
154		4	197b	—	15	243	—	9	289
155	—	4	198	—	2	244	—	8	290
156	—	2	199	—	2	245	—	5	291
157	—	1	200	—	1	246	2	20	292
158	1	20	201	—	2	247	—	1	293
159		4	202	—	4	248	—	-	294
160	—	5	203	—	16	249	—	1	295
161 u. 62	—	1	204	—	11	250	—	1	296
163	—	5	205	—	2	251	1	20	297
164		10	206	—	1	252	—	3	298
165		8	207	—	4	253	—	6	299
166	—	6	208	—	9	254	—	4	300
167	—	3	209	—	2	255	—	4	301
168	1	-	210	—	12	256	—	4	302
169a	—	13	211	—	7	257	—	4	303
169b	—	15	212	—	20	258	—	1	304

ummer	ℛℓ	ngℓ	Nummer	ℛℓ	ngℓ	Nummer	ℛℓ	ngℓ	Nummer	ℛℓ	ngℓ
305	—	11	351	—	—	395	—	16	441	3	9
306	—	16	352	1	5	396	3	20	442	—	4
307	—	6	353	—	2	397	2	—	443	—	3
308	—	2	354	—	1	398	—	2	444	—	4
309	—	2	355	—	12	399	—	8	445	—	5
310	—	2	356	—	—	400	5	—	446	—	1
311	—	2	357	2	11	401	2	10	447a	—	16
312	—	9	358	—	15	402	2	15	447b	—	1
313	—	1	359	—	1	403	—	4	448	—	20
314	—	1	360	—	4	404	—	4	449	—	2
315	—	2	361	—	1	405	—	6	450	—	1
316	2	10	362	—	1	406	—	4	451	—	1
317	—	20	363	—	4	407	—	5	452	1	15
318	—	4	364	—	1	408	—	3	453	—	—
319	—	4	365	—	1	409	2	—	454	—	10
320	—	20	366	—	2	410	—	15	455	—	1
321	—	2	367	—	1	411	1	10	456	—	10
322	—	6	368	—	5	412	—	4	457	—	8
323	—	1	369	1	15	413	3	20	458	—	5
324	—	5	370	1	—	414	—	1	459	—	2
325	—	—	371	—	—	415	—	6	460	—	6
326	—	1	372	—	2	416	—	6	461	1	—
327	—	15	373	—	1	417	7	1	462	1	—
328	—	2	373a	—	10	418	34	—	463	—	5
329	—	4	374b	—	2	419	4	21	464	—	15
330	—	2	375	—	10	420	5	12	465	—	7
331	—	4	376	—	15	421	3	15	466	—	1
332	—	1	377	—	15	422	5	25	467	—	2
333	1	—	378	—	5	423	—	10	468	—	2
334	—	1	379	1	1	424	—	4	469	—	2
335	—	11	379a	—	3	425	—	10	470	1	8
336	2	—	380b	—	10	426	2	15	471	—	2
337	1	13	381	—	—	427	—	1	472	—	—
338	1	—	382	—	14	428	—	2	473	—	4
339	—	20	383	—	1	429	—	1	474	—	4
340	—	15	384	—	4	430	—	2	475	—	1
341	—	4	385	—	—	431	—	4	476	—	6
342	—	3	386	—	2	432	—	28	477	—	13
343	—	3	387	—	5	433	—	2	478	—	2
344	—	3	388	—	5	434	—	2	479	—	2
345	—	8	389	—	24	435	—	1	480}		
346	2	—	390	—	—	436	—	—	481}	—	2
347	—	9	391	—	2	437	—	2	482}		
348	—	2	392	1	18	438	—	—	483}		
349	—	2	393	—	2	439	—	3	484	—	10
350	—	1	394	2	10	440	1	19	485	2	15

Nummer	ℛℓ	ngℓ	Nummer	ℛℓ	ngℓ	Nummer	ℛℓ	ngℓ	Nummer	ℛℓ
486	—	2	533	—	16	579	—	4	625	—
487	—	1	534	—	5	580	—	10	626	—
488	—	1	535	—	10	581	—	3	627	—
489	—	1	536	—	6	582	—	2	628	—
490	—	—	537	—	4	583	2	5	629	—
491	—	6	538	—	2	584	—	—	630	—
492	—	2	539	—	6	585	1	20	631	—
493 }	3	10	540	—	1	586	—	6	632	—
494			541	—	5	587	—	9	633	—
495			542	1	8	588	—	1	634	—
496 }			543	—	14	589	5	10	635	—
497	—	3	544	1	5	590	—	1	636	—
498	—	2	545	—	2	591	1	—	637	—
499	—	15	546	—	28	592	—	13	638	—
500	—	15	547	—	2	593	2	20	639	—
502	—	—	548	—	10	594	—	9	640	—
503	—	4	549	—	—	595	—	4	641	5
504	—	8	550	—	20	596	—	2	642	—
505	—	—	551	4	10	597	—	1	643	—
506	—	2	552	—	2	598	—	15	644	—
507	—	1	553	—	2	599	—	10	645a	—
508	—	1	554	—	6	600	—	13	645b	—
509	1	10	555	1	10	601	—	6	646	—
510	—	2	556	—	1	602	—	8	647	1
511	—	2	557	1	5	603	—	4	648	—
512	—	1	558	1	18	604	—	12	649	—
513	1	18	559	1	25	605	—	15	650	4
514	—	4	560	2	20	606	—	4	651	—
515	—	2	561	2	25	607	—	8	652	—
516	—	4	562	1	—	608	—	8	653	—
517	1	15	563	—	2	609	—	11	654	—
518	—	8	564	—	2	610	—	8	655	—
519	—	4	565	—	15	611	—	10	656	—
520	1	—	566	—	12	612	—	10	657	—
521	—	15	567	1	10	613	—	13	658	—
522	—	15	568	—	1	614	—	6	659	—
523	1	10	569	—	1	615	—	2	660	—
524	—	10	570	1	6	616	—	4	661	—
525	—	6	571	1	1	617	—	11	662	—
526	—	3	572	—	10	618	—	2	663	—
527	—	16	573	—	2	619	—	1	664 }	
528	—	6	574	—	6	620	—	—	665	—
529	—	3	575	—	5	621	—	11	666 }	
530	—	4	576	—	1	622	4	—	667	—
531	—	6	577	—	2	623	—	18	668	—
532	—	6	578	2	10	624	—	1	669	—

ummer	Rℓ	ngℓ	Nummer	Rℓ	ngℓ	Nummer	Rℓ	ngℓ	Nummer
670	—	1	717	—	4	763	—	2	806
671	—	1	718	—	1	764	—	5	807
672	—	10	719	—	16	765	—	2	808
673	—	23	720	—	2	766	—	3	809
674	—	2	721	—	2	767	—	3	810
675	—	2	722	—	—	768	—	2	811a
676	1	15	723	—	2	769a	—	1	811b
677	—	7	724	—	—	769b	—	2	812
678	—	1	725	1	5	769c	—	2	813
679	—	4	726	—	—	770	—	1	814
680	—	1	727	—	1	771	—	2	815
681	—	—	728	—	—	772	—	4	816
682	—	2	729	1	5	773	—	6	817
683	—	1	730	—	5	774	—	4	818
684	—	17	731	—	1	775	—	4	819
685	—	2	732a	—	10	776	1	21	820
686	—	2	732b	—	1	777	—	2	821
687	—	6	733	—	6	778	—	7	822
688	—	5	734	—	1	779	—	3	823
689	—	1	735	—	—	780	—	4	824
690	—	2	736	1	25	781	—	18	825
691	—	—	737	—	—	782	—	3	826
692	—	1	738	—	3	783	—	3	827
693	—	1	739	—	2	784	—	3	828
694	—	1	740	—	12	785	3	25	829
695	—	2	741	—	20	786	—	6	830
696	—	2	742	—	5	787a	—	6	831
697	—	5	743	—	4	787b	2	26	832
698	—	24	744	—	4	788	1	16	833
699	—	1	745	—	•	789	—	5	834
700	—	2	746	—	13	790	—	1	835
701	—	4	747	—	2	791	—	4	836
702	—	1	748	—	1	792	—	2	837
703	—	2	749	—	2	793a	—	3	838
704	—	4	750	5	19	793b	—	3	839
705	—	5	751	—	—	794	—	4	840a
706	—	4	752	—	15	795	—	1	840b
707	—	1	753	—	1	796	—	1	841
708	—	2	754	—	—	797	—	1	842
709	—	1	755	—	3	798	—	5	843a
710	—	2	756	—	5	799	—	—	843b
711	—	1	757	—	2	800	—	1	844
712	—	—	758	—	2	801	1	5	845
713	—	—	759	—	8	802	—	1	846
714	1	15	760	—	4	803	—	13	847
715	—	2	761	1	6	804	—	6	848
716	—	4	762	—	11	805	—	5	849

Nummer	Rℓ	ngℓ	Nummer	Rℓ	ngℓ	Nummer	Rℓ	ngℓ	Nummer
850	1	—	898			941	—	—	988
851	1	—	899a			942	—	9	989
852	—	5	899b	—	4	943	—	8	990
853	—	—	900			944	—	14	991
854	—	2	901	—	29	945	—	12	992
855	—	4	902	—	5	946	—	—	993
856	—	25	903	—	5	947	—	4	994
857	—	15	904	2	12	948	—	5	995
858	—	11	905	—	1	949	2	—	996
859	—	11	906	—	1	950	—	2	997
860	—	2	907	—	7	951	—	8	998
861	—	—	908	—	2	952	—	—	999
862	1	20	909	2	15	953	—	—	1000
863	—	4	910	2	15	954	—	2	1001
864	8	6	911	—	1	955	—	1	1002
865	—	16	912	—	—	956	—	1	1003
866	16	—	913	—	2	957	—	1	1004
867	5	1	914	—	2	958	—	8	1005
868	—	8	915	—	1	959			1006
869	—	25	916	—	—	960	—	14	1007
870	4	—	917a	—	1	961			1008
871	—	2	917b	—	2	962			1009
872	—	2	918	—	1	963	—	14	1010
873	—	1	919	1	5	964			1011
874	—	—	920	—	4	965	—	—	1012
875	—	10	921	—	5	966	—	2	1013
876	—	—	922	—	11	967	—	11	1014
877	—	2	923	—	13	968	—	2	1015
878	—	2	924	—	8	969	—	1	1016
879	—	2	925	—	1	970	—	4	1017
880	—	6	926a	1	15	971			1018
881	—	6	926b	—	2	972	—	2	1019
882	—	26	927	—	12	973	—	4	1020
883	—	3	928	—	3	974	—	10	1021
884	—	1	929	—	20	975	—	2	1022
885	—	1	930	—	1	976	—	2	1023
886	—	4	931	—	2	977	1	5	1024
887	—	5	932	—	6	978	—	2	1025
888	—	1	933	—	5	979	—	7	1026
890	—	6	934	—	2	980	—	10	1027
891	—	2	935	—	2	981	—	7	1028
892	1	2	936	—	4	982	—	1	1029
893	—	15	937		7	983	—	14	1030
894	—	1	938		1	984	—	7	1031
895	—	1	939a		2	985	—	6	1032a
896	—	10	939b	—	14	986	—	2	1032b
897	—	1	940	—	1	987	—	3	1033

Nummer	ℛℓ.	ngℓ	Nummer	ℛℓ.	ngℓ	Nummer	ℛℓ.	ngℓ	Nummer	ℛℓ.	ngℓ
1034	2	11	1080	—	6	1126	—	1	1171	—	6
1035a	—	1	1081	—	4	1127	1	10	1172	—	4
1035b	—	2	1082	—		1128	—	21	1173	—	20
1036	—		1083	—		1129	—	—	1174	—	23
1039	—	3	1084	—		1130	—	—	1175	—	2
1040	—	9	1085	—	—	1131	—	8	1176	—	4
1041	—	20	1086	—	4	1132	—	—	1177	—	6
1042	—	1	1087	—	7	1133	—	4	1178	—	29
1043	1	25	1088	—	--	1134	—	4	1179	—	5
1044	—	4	1089	—	2	1135	—	1	1180	1	—
1045	—	9	1090	—	—	1136	—	1	1181	—	4
1046a	—	2	1091	—	2	1137	—	3	1182	—	1
1046b	—	15	1092	—	12	1138	—	—	1183a	—	4
1047	—	5	1093	—	9	1139	—	1	1183b	4	5
1048	—	1	1094	—	—	1140	—	4	1184	4	—
1049	26	—	1095	—	1	1141	—	1	1185	—	2
1050a	—	2	1096	—	2	1142	—	2	1186	—	4
1050b	—	1	1097	—	1	1143a	6	—	1187	—	1
1051	—	3	1098	—	2	1143b	1	8	1188	1	—
1052	—	—	1099	—	12	1143c	—	1	1189	—	—
1053	—	—	1100	—	1	1144	—	15	1190a	—	4
1054	—	1	1101	—	4	1145	—	29	1190b	—	4
1056	—	2	1102	—	3	1146	—	4	1191	—	2
1057	—	4	1103	—	13	1147	3	—	1192	1	5
1058	—	8	1104	1	—	1148	2	—	1193b	—	18
1059	—	15	1105	1	15	1149	13	—	1193a	—	3
1060	—	1	1106	—	10	1150	—	2	1194	—	1
1061	—	4	1107	2	10	1151	—	—	1195	—	17
1062	—	1	1108	1	15	1152	—	1	1196	—	18
1064	—	4	1109	—	6	1153	—	2	1197	2	—
1065	1	10	1110	1	10	1154	—	1	1198	1	4
1066	—	2	1111	—	15	1155	—	1	1199	—	4
1067	—	1	1112	1	15	1156	—	5	1201	—	1
1068	—	29	1113	—	1	1157	—	1	1202	—	25
1069a	1	—	1114	—	1	1158	—	—	1203	—	2
1069b	1	—	1115	—	1	1159	—	10	1204	—	1
1070a	—	20	1116	—	2	1160	—	2	1205	2	25
1070b	—	28	1117	1	—	1161	—	2	1206	1	8
071	—	16	1118	—	2	1162	—	1	1207	—	5
072	—	4	1119	—	1	1163	—	—	1208	—	1
073	—	6	1120	—	7	1164	—	1	1209a	—	10
074	1	--	1121	—	13	1165	—	1	1209b	—	10
075	—	8	1122	—	2	1166	—	—	1209c	—	2
076	1	5	1123	—	1	1167	—	6	1209d	—	1
077	—	6	1124a	—	4	1168	—	11	1210	—	2
078	—	9	1124b	—	5	1169	—	6	1211	—	2
079	—	2	1125	—	1	1170	—	12	1212	—	1

Nummer	Rt	ngl	Nummer	Rt	ngl	Nummer	Rt	ngl	Nummer	Rt
1213	—	10	1257	—	4	1301	—	20	1344d	—
1214	—	—	1258	—	5	1302	—	5	1345	—
1215	2	—	1259	—	2	1303	—	2	1346	—
1216	—	6	1260	—	4	1304	—	11	1347	—
1217a	—	27	1261a	—	6	1305	—	2	1348	1
1217b	—	1	1261b	2	26	1306	—	6	1350	—
1218	4	16	1262	—	2	1307	—	4	1351	—
1219	—	4	1263	—	5	1308	—	4	1352	1
1220	—	—	1264	—	4	1309	—	7	1353	1
1221	—	1	1265	—	2	1310	—	5	1354	—
1222	—	1	1266	1	10	1311	—	8	1355	—
1223	—	4	1267	—	—	1312	—	5	1356a	—
1224	—	4	1268	4	—	1313	—	2	1356b	—
1225			1269	—	2	1314	—	3	1357	—
1226			1270a	1	19	1315	—	2	1358a	4
1227			1270b	—	1	1316	2	29	1358b	—
1228a	—	4	1271	—	5	1317	—	2	1359	—
1228b			1272	—	4	1318	—	1	1360	—
1229			1273	—	1	1319	—	1	1361	1
1230			1274	1	—	1320	1	16	1362	1
1231			1275	2	16	1321	4	4	1363	—
1232			1276	—	2	1322	2	8	1364	1
1233			1277	—	1	1323a	—	—	1365	1
1234	—	2	1278a	—	—	1323b	—	1	1366	—
1235			1278b	—	5	1324	—	20	1367	—
1236			1279	—	12	1325	—	8	1368	—
1237	—	4	1280	—	—	1326	—	2	1369a	—
1238	—	2	1281	—	3	1327	—	5	1369b	—
1239			1282	—	2	1328	—	23	1370	1
1240			1283	—	2	1329	—	1	1371	—
1241			1284	2	—	1330	3	—	1372	—
1242	—	7	1285	—	2	1331	—	2	1373	—
1243			1286	—	4	1332	—	—	1374	—
1244			1287	—	4	1333	—	3	1375	—
1245			1288	4	10	1334	—	1	1376	—
1246a			1289	—	5	1335	—	29	1377	—
1246b	5	10	1290	—	27	1336	—	1	1378	—
1247	—	—	1291	—	2	1337	—	2	1379	—
1248	—	2	1292	—	2	1338	—	8	1380	—
1249	—	1	1293	—	5	1339	—	2	1381	—
1250	—	5	1294	—	4	1340	—	—	1383	—
1251	—	23	1295	—	7	1341	—	2	1384	—
1252	—	12	1296	—	4	1342	—	4	1385	—
1253	—	6	1297	—	5	1343	—	3	1386	—
1254	—	2	1298	—	2	1344a	—	3	1387	—
1255	—	2	1299	1	21	1344b	19	1	1388	—
1256	—	15	1300	—	15	1344c	2	—	1389	—

ℛℓ	ngℓ	Nummer	ℛℓ	ngℓ	Nummer	ℛℓ	ngℓ	Nummer	ℛℓ	ngℓ
—	15	1435	—	6	1477	—	—	1523	—	1
5	20	1436	—	1	1478	—	1	1524	—	1
—	1	1437	—	2	1479	—	—	1525	—	2
1	10	1438	—	1	1480	—	1	1526	—	1
—	25	1439	—	21	1481	—	16	1527	—	7
—	4	1440	—	1	1482	—	1	1528	—	6
—	18	1441	3	—	1483	—	15	1529	—	4
1	16	1442	—	3	1484	—	—	1530	—	4
2	29	1443	—	—	1485	1	19	1531	—	2
—	7	1444	—	4	1486	—	4	1532	—	4
—	10	1445	—	—	1487	—	3	1533	—	—
1	12	1446	—	—	1488	—	3	1534	—	3
3	16	1447	—	2	1489	—	—	1535	—	2
3	15	1448	—	10	1490	—	1	1536	—	2
1	20	1449	—	6	1491	1	5	1537	—	18
1	10	1450	—	—	1492	—	2	1538	—	18
—	10	1451	—	1	1493	—	6	1539	—	2
2	20	1452	2	20	1494	—	—	1540	—	—
—	—	1453	—	9	1495	—	2	1541	—	6
—	1	1454	—	4	1496	1	10	1542	—	1
—	—	1455	—	—	1497	—	15	1543	—	4
—	—	1456	2	20	1498	—	4	1544a	—	2
—	—	1457	—	20	1499	—	20	1544b	—	2
—	7	1458	—	15	1500	—	—	1544c	—	10
—	8	1459	—	2	1501	—	15	1545	—	1
—	7	1460	—	15	1502	—	1	1546	—	1
—	2	1461	—	2	1503	—	25	1547	—	10
—	21	1462	—	2	1504	—	2	1548	—	13
—	5	1463	—	7	1505	—	10	1549	—	4
—	—	1464	—	9	1506	—	—	1550	—	—
—	2	1465	—	3	1507	2	—	1551	—	5
—	—	1466	—	11	1508	—	10	1552	—	2
—	1	1467	—	4	1509	—	1	1553	—	1
—	14	1468	—	4	1510	2	—	1554	—	5
—	7	1469	2	—	1511	1	20	1555	—	12
—	4	1470	—	1	1512	—	1	1556	—	2
—	1	1471	—	—	1513	—	25	1557	—	2
—	8	1472	—	2	1514	—	4	1558	—	4
—	1	1473a	—	—	1515	—	—	1559	—	1
—	17	1473b	—	4	1516	—	7	1560a	1	5
—	1	1473c	6	5	1517	—	—	1560b	—	—
2	20	1473d	3	5	1518	—	4	1561	—	1
—	19	1473e	1	—	1519	—	10	1562	—	—
—	—	1474	—	4	1520	2	29	1563	—	1
—	1	1475	—	—	1521	—	2	1564	16	25
—	4	1476	—	1	1522	—	1	1565	3	8

Nummer	ℜ	ngℓ	Nummer	ℜ	ngℓ	Nummer	ℜ	ngℓ	Nummer
1566	—	8	1612a	—	1	1654	—	5	1700
1567	—	11	1612b	—	5	1655	1	20	1701
1568	—	8	1613	—	10	1656	—	6	1702
1569	—	11	1614	—	2	1657	—	2	1703
1570	5	—	1615a	—	2	1658	—	8	1704
1571	—	10	1615b	—	5	1659	2	5	1705
1572	—	21	1615c	—	4	1660	—	8	1706
1573	—	7	1616	—	4	1661	—	7	1707
1574	—	2	1617	—	2	1662	—	4	1708
1575	—	9	1618	—	5	1663	—	2	1709
1576	—	4	1619	—	10	1664	—	4	1710
1577	—	4	1620	—	4	1665	—	2	1711
1578	2	20	1621	—	10	1666	2	9	1712
1579	—	5	1622	—	1	1667	1	15	1713
1580	—	5	1623	—	1	1668	—	20	1714
1581	—	5	1624	—	7	1669	3	10	1715
1582	—	8	1625	—	18	1670	—	4	1716
1583	—	7	1626	—	2	1671	—	2	1717
1584	—	11	1627	—	12	1672	—	4	1718
1585	—	10	1628	—	15	1673	2	9	1719
1586	—	6	1629	—	10	1674	1	25	1720
1587	2	26	1630	—	1	1675	6	21	1721
1588	—	22	1631	—	7	1676	—	1	1722
1589	—	4	1632	—	8	1677	—	8	1723
1590	—	2	1633	—	8	1678	—	—	1724
1591	1	16	1634	—	1	1679	—	3	1725
1592	—	—	1635	1	2	1680	—	8	1726
1593	—	7	1636	—	13	1681	—	6	1727
1594	—	6	1637a	—	4	1682	1	—	1728
1595	—	5	1637b	4	—	1683	—	10	1729
1596	—	5	1638	—	5	1684	—	18	1730
1597	—	5	1639	1	18	1685	—	4	1731
1598	—	5	1640	—	2	1686	—	16	1732
1599	—	5	1641	—	9	1687	—	25	1733
1600	—	10	1642	—	8	1688	—	1	1734
1601	—	—	1643	1	—	1689	—	4	1735
1602	—	4	1644	—	6	1690	—	18	1736
1603	—	4	1645	—	18	1691	—	—	1737
1604	—	9	1646	—	16	1692	—	1	1738
1605	1	5	1647	—	12	1693	—	4	1739
1606	—	—	1648	—	2	1694	—	1	1740
1607	—	10	1649	—	8	1695	—	4	1741
1608	—	6	1650	—	5	1696	—	—	1742
1609	—	4	1651	—	5	1697	—	9	1743
1610	—	2	1652	3	9	1698	2	20	1744
1611	—	25	1653	—	8	1699	—	2	

Officin von Bär & Hermann in Leipzig.